А.С. ПУШКИН

ПОВЕСТИ ПОКОЙНОГО ИВАНА ПЕТРОВИЧА БЕЛКИНА

A.S. PUSHKIN

TALES OF THE LATE IVAN PETROVICH BELKIN

EDITED WITH INTRODUCTION
AND BIBLIOGRAPHY BY A.D.P. BRIGGS
NOTES AND GLOSSARY BY B.O. UNBEGAUN

PUBLISHED BY BRISTOL CLASSICAL PRESS
GENERAL EDITOR: JOHN H. BETTS
RUSSIAN TEXTS SERIES EDITOR: NEIL CORNWELL

First published in 1947 by Basil Blackwell Ltd
Reprinted in 1991 by Bristol Classical Press
This updated edition first published in 1994 by
Bristol Classical Press
an imprint of
Gerald Duckworth & Co. Ltd
The Old Piano Factory
48 Hoxton Square, London N1 6PB

A catalogue record for this book is available
from the British Library

ISBN 1-85399-402-2

Available in USA and Canada from:
Focus Information Group
PO Box 369
Newburyport
MA 01950

Printed in Great Britain by
Booksprint, Bristol

CONTENTS

INTRODUCTION

Three months in the country

At the end of the summer in 1830 Alexander Pushkin took time out from the increasingly irksome preparations for his own wedding and travelled several hundred miles east to his remote estate at Boldino, south of Nizhny Novgorod. He wanted to relax, enjoy country life and indulge his love of writing, the only occupation which gave him any contentment. Nicely cut off from his worries by distance, he soon found himself also suspended in time. An outbreak of cholera in the district kept him quarantined at Boldino for the next three months, which he put to good use by writing prolifically. He completed the first version of *Eugene Onegin*, the novel in verse which had been seven-and-a-half years in the making, and also wrote thirty lyrics, a narrative poem, *The Little House in Kolomna*, and four *Little Tragedies*. To these hundreds of lines of poetry he added something different, *The Tales of the Late Ivan Petrovich Belkin*, a set of five stories, amounting to about 20,000 words in all, written in prose. Never before had Pushkin completed a story in prose, though he had long intended to descend to this humble medium, as he himself put it. Now he had a little bookful of stories, and they had been written at a time of sublime inspiration. Even so, he little knew what he had done.

Nobody knows exactly why the author, in 1831, decided on anonymous publication of *The Tales of Belkin* (as they are generally known). He may have had the censor in mind, since some of the stories, although hardly subversive, exuded a democratic spirit which might conceivably be construed as critical of the Russian establishment, the more so if they were recognised at the outset as written by someone who had long been considered politically suspect. But this is only part of the explanation. More important was the fact that Pushkin, the acknowledged master of Russian poetry, was far from confident of his ability to write good prose. He had his enemies in the critical press, notably Faddey Bulgarin, and they were always on the look-out for an opportunity to attack him. The slightest weakness would be for them a tasty morsel to be torn apart and devoured. The new stories would certainly be taken as evidence that Pushkin was past his best, a tired versifier casting about for further inspiration, but, if they could gain approval anonymously, the anti-Pushkin brigade would have been outflanked. Even so, the author could not resist giving the ostensible publisher of the stories, at the end of his lengthy introduction, the initials A.P., which looks like a clear enough signal to the reading public. It is almost as if he wanted, rather naively, the best of both worlds – a little advance credit from his supporters, who could be counted on to recognise the initials, and yet the sowing of doubt in the minds of his adversaries, who might just mistake him for some young, new talent. As it turned out, the critical response was not bitterly hostile, though the stories were seen as slender and inconsequential. They were, in fact, difficult to place and to assess. That difficulty still remains today.

Quot homines, tot sententiae

There is greater scope for personal judgement in the evaluation of Pushkin's prose, and particularly *The Tales of Belkin*, than in relation to almost anything else which he wrote. Here, no current of received opinion has thoroughly established itself. In saying this, we are not arguing at the margins; the central ground itself is still open for hostilities between those with a very high regard for these stories and others who tend to sympathise with the early reviewers, considering them to be only modest achievements. This is no debate about niceties of interpretation; the intrinsic literary value of *The Tales of Belkin* may be said to be still in question, more than a century and a half after they were written.

The argument must be followed through three stages and then, since there is no way of proving or disproving it, resolved in personal terms by each reader. In outline, it runs as follows. At first sight the tales do seem to be insubstantial; they are so full of silly situations, unlikely events and co-incidental resolutions that it is difficult to take them seriously. Then, when you look more closely, patterns and ideas emerge which provide greater delight, satisfaction and meaning than were at first apparent. At this stage a valuable weapon is the concept of parody, which may be shown to embrace the whole collection and greatly enhance its significance. Finally you may begin to wonder whether the tales might have benefited unjustifiably from a more generous allocation of critical attention than many other similar stories which had the misfortune to be written by lesser mortals than Alexander Pushkin. Have extra meanings been read into them? Have critics allowed their love of Pushkin's wonderful poetry to persuade them to drop their guard or lower their standards when considering his prose? Could not all manner of wonderful qualities be discovered in many a minor story if only a few generations of eager critics were allowed to feast upon them? These misgivings cannot be resolved by any act of will or sudden discovery. All that the reader can do is reread the stories, patiently weigh the evidence again and then arrive at a personal commitment one way or the other. Ultimately it will remain a matter of individual choice whether one hunts with the hounds who assert (for instance) that, 'There is not the slightest point are nice, but nothing remains in your memory beyond a vague notion of the plot', or runs with the hare who says, by contrast, that these tales are 'perfect specimens of the short story', 'masterpieces alive with penetrating character sketches'.

Fortunately, there are one or two aspects of *The Tales of Belkin* which are not so open-ended and problematical. Any doubts surround only their characters, situations, events and possible meanings. On the subject of their historical importance, and in relation to the language and style in which they are written, critical opinion is as united as it is undoubtedly correct. The distinction is an important one.

Language and style

The Russian words and phrases used to recount the five adventures were selected and arranged by an obvious master of the language. His literary style is both innovative and immaculate. Pushkin wished consciously to reform Russian prose by simplifying it. Years before, when he was no more than twenty-two years old, he had spied out the future in an epigrammatic statement, 'Precision and brevity are the first virtues of prose', which has become famous, not because this formula is necessarily true for all occasions, but because it became the hallmark of his own prose. It accounts both for the electric atmosphere of *The Queen of Spades* and, we must confess, also the thinness of characterisation and incident in *The Captain's Daughter*. Those two qualities, precision and brevity, are deliberately infused into *The Tales of Belkin*, and to good effect. The stories are devoid of the stylistic absurdities and excesses of much Russian prose belonging to this period. Pushkin does not deal in wordy description, elaborate conceits, protracted metaphors or purple eloquence. He tells his tales with a straightforwardness which is most appealing. In its day this manner was even more striking than it now appears, because it rang out with the shocking clarity of innovation.

We can hardly blame the critics for their lack of immediate comprehension and approval. What Pushkin wrote must have seemed bald and rather empty. Not only did he write with unprecedented simplicity, he actually signalled his new method by departing from it occasionally with a shaft or two of self-indulgent parody. For instance, when you read, in the middle of *The Peasant Lady*, that 'In the east the dawn shone radiant, and the golden cloudbanks seemed to be awaiting the sun just as courtiers await their sovereign', you can be sure that this unnecessary elaboration is no involuntary lapse of style or taste. The author has paused momentarily in order to show us, with a smile on his face, just what he is fighting against, or how not to do it. When in this mood, incidentally, he will usually give no indication of his intentions to the readers, whom he assumes to be sophisticated enough to find their own way around in a literary text, and capable of detecting irony or parody without being led by the nose towards it. Only now and again will his point be made explicit, as, for instance, at the beginning of *The Coffinmaker* where the author takes us into his confidence with this aside: 'I do not propose to get involved in a description of either Adrian Prokhorov's Russian coat or the European attire of Akulina and Darya, though this is to depart from the convention adopted by novelists of the present day.' These stories are filled with delicate side-swipes of this kind and much pleasure may be derived from detecting them. The real Pushkin, however, deals out short sentences with plenty of verbs, very few epithets and almost no figurative language. This is the new, business-like style which he was concerned to introduce consciously as the only way forward for Russian letters. His achievement in this area is of the greatest significance. The man who cleared out all the detritus left behind in Russian poetry by generations of over-zealous wordsmiths may now be seen performing the same service for Russian prose.

The historical significance of *The Tales of Belkin*

As the writer of a new kind of Russian, Pushkin clearly occupies an important place in the country's cultural history. This honour belongs to him also in more general literary terms. Whatever their intrinsic merit (which remains to be discussed), *The Tales of Belkin* have a strong claim to our attention because of their unique position in the dynasty of Russian literature. The point is put succinctly by Vladimir Nabokov, who describes them as 'the first stories of permanent artistic value in the Russian language', and by David Budgen, who claims that 'their influence has been out of all proportion to their size and weight'. Both the provenance of these miniatures and the future line of descent engendered by them have been much discussed by critics. Their roots are set deep in European literature, to which references, direct and oblique, abound. Pushkin evokes the memory of writers as disparate as Shakespeare, Sterne, Richardson, Scott and Byron, Nodier, Marivaux, Hugo and Bürger; in Russia alone there are clear nods in the direction of Fonvizin, Bogdanovich, Karamzin, Dmitriyev, Radishchev, Derzhavin, Zhukovksy, Izmaylov, Knyazhnin, Baratynsky, Davydov, Pogorelsky, Shakhovskoy, Vyazemsky, Griboyedov and Bestuzhev. The Bible is invoked in *The Stationmaster*; elsewhere Gothic tales, historical novels, Sentimental stories and Romantic ballads are sensed in the near background. This is an educated piece, much dependent for full value on sophistication and sensitivity in its readers.

Looking to the future, one can see that nothing would have been quite the same without this work. Innovative in language, manner and style, it also introduced, sometimes embryonically, characters, themes, ideas and attitudes instantly recognisable in the creations of later writers. Lermontov, Turgenev and Tolstoy all give evidence of their appreciation of Pushkin's method of story-telling. Gogol, Dostoevsky and Chekhov were to learn from his characterisation. The best example of direct influence (often cited) is that of Samson Vyrin, the Post Master, a humble 'little man' who foreshadows many a similar creature in the pages of, particularly, Gogol and Dostoevsky. For another example we may turn to Pushkin's agreeable way of allowing his characters to assess themselves, each other and human behaviour in literary terms, sometimes with irony, sometimes not. Burmin comes across Marya Gavrilovna (in *The Blizzard*) looking 'the very picture of a heroine in a novel'; Muromsky accuses his daughter (in *The Peasant Lady*) of behaving 'like some romantic heroine'; Lt. Col. I.L.P., the narrator of *The Shot*, admits that he sees Silvio as 'the hero of some strange tale'. This seems to have set up an entire tradition of such references in subsequent Russian literature. Lermontov's Pechorin accuses Grushnitsky (in *A Hero of Our Time*) of behaving like the hero of a novel, and does so himself. Dostoevsky's Makar Devushkin (in *Poor Folk*), a 'little man' if ever there was one, weeps with sympathy for Samson Vyrin, whom he sees as a literary version of himself. In *Notes from Underground* Dostoevsky's unnamed narrator (the 'Underground Man') finds himself building castles in the air as he plots revenge by means of a duel in which he will show tremendous bravery and magnanimity; he comes down to earth with a bump when he realises that he has been acting out the role of Silvio in *The Shot*. Similarly bookish behaviour may be observed in several other Russian literary figures, right down to Chekhov and to the hero of Kuprin's novel, *The Duel*.

From all of this it emerges that *The Tales of Belkin* simply refuse to be disregarded. Their historical importance (based on deep integration into an extraordinarily broad range of literature), stylistic and linguistic innovation of a high order, together with much inventiveness and originality on the narrative side, is clearly established as a fact of Russian cultural life.

Humour

A surprising feature of Pushkin's work as a whole is that, coming from a man who led a most unhappy life, it is so full of humour. Very few of his works are devoid of this endearing quality and *The Tales of Belkin* are full of it. The spirit of comedy directs these stories, which gives them a delightful air but also leads to some confusion. In fact, confusion seems itself to be a comic device of the first importance. The author delights in pretending one thing while meaning another. As we have seen, he writes with what seems to be a straightforwardness bordering on naivety, but the texts can be properly appreciated only by a reader capable of peering down through their glassy surface to discover what lies below. For instance, it has become a commonplace of *Belkin* criticism to read each of the stories as a parody. Once this is done they certainly take on extra meanings. The melodramatic posturing of Silvio in *The Shot*, the huddled corpses and skeletons in *The Coffin-maker*, the coincidences of *The Blizzard* and the disguises of *The Peasant Lady* all seem more reasonable. The author has adopted a curious position half-way between Romantic story-telling and the ridiculing of it. Sometimes literary reference points are used not for parody as such but in order to arouse expectations which will not be fulfilled and thereby to produce a comic, or at least an ironic, effect. The best examples are in the most serious of the tales, *The Stationmaster*, which derives great benefit from this device. Here the events play themselves out against the reader's familiarity with two particular works. The fate of Dunya, the stationmaster's daughter, seems to be roughly following that of the seduced, abandoned and suicidal heroine of Karamzin's *Poor Liza*; her likely downfall appears to be confirmed when we recall the series of pictures on the postmaster's wall depicting the career of the Prodigal Son. But instead of falling she rises, and the actual outcome – prosperity and happiness for the runaway girl – gains ironic intensity from our having been first led up the garden path of traditional story-telling and morality. Pushkin is here at his most typical, teasing his readers with false clues, challenging them to avoid being duped and to pick up all the casual passing references, and telling his story with a levity which entertains without precluding pathos.

Jokes are everywhere. At the outset we learn that our charming editor died recently despite the ministrations of the local doctor who was an expert in curing corns. One of the coffin-maker's clients, recently buried free of charge, stands meekly in a corner, ashamed of his tattered clothes. Another complains that he never got the oak coffin that he had been promised. Samson Vyrin, bought off by his daughter's abductor, flings the money down on the ground in a fit of moral outrage, thinks again and goes back to retrieve it, only to find that it has already been scooped up by a well-dressed young man who can hardly need it. Aleksey, in *The Peasant Lady*, draws himself agonisingly into a posture of studied hauteur, expecting Liza to enter the room, but in comes her governess, Miss Jackson. The narrator of events in *The Blizzard* confutes himself as he toys with us: 'But let us return to Nenaradovo and see what is happening there.... Well, er, nothing'. This narrative manner, although easy and agreeable, might also be considered excessive. Perhaps Pushkin has, in his first serious attempt at prose, put too high a premium on amusement at the expense of convincing story-telling, let alone gravity. Perhaps there is simply too much bafflement and jokiness for the overall good of the work. This is particularly true of the beginning, where confusion makes his masterpiece.

Who is telling the story?

The biggest joke of all is the presentation of the five stories. It is virtually impossible to sort out and remember who is telling what to whom. Take, for example, *The Shot*. The events of this story purport to have occurred over several recent years and to have been observed in part by a man known to us as I.L.P., who, in the course of them, descended from high rank in the Russian Army to a life of boredom as a not-too-successful country landowner. However, he was not present at the key events of the story (the two duels), so we are apprised of these details by two different, 'internal', narrators, Silvio and the Count. Three people are thus involved in the narrative, which was then transmitted (orally, we presume) to a fourth, Ivan Belkin, a novelist manqué full of charm but lacking in talent. Somehow the manuscript found its way to a publisher, A.P., who took the trouble to find out a few details about the editor (Belkin) before issuing the book. Behind him, of course, lies the real-life author, Alexander Pushkin, who is not the same person as either Belkin or even A.P. Between the events of the story and the bemused reader stand at least six people, each of them pretty unreliable, if the truth be told. Pushkin himself always misleads. The publisher says he is not going to change anything in the letter he has received, but then goes on to make several adjustments to it; who is to say he has not done the same with the manuscript itself? Belkin is a would-be novelist; can he really be expected to have set everything down without his own embellishments and distortions? Then there is the original narrator, I.L.P. Does this person exist, or is he a device of obfuscation invented by Belkin? If he does exist, has he not his own axe to grind while telling the tale? And what of Silvio and the Count? They seem like men of honour but they are hardly well-placed to give an objective account of events in which they were so emotionally involved. Most of what has been said about *The Shot* applies also to the other five tales, with their 'original' narrators, A.G.N., B.V. and the intriguing Miss K.I.T., who is of uncertain age. The usual way of telling a story is through an omniscient and dispassionate narrator; here Pushkin has taken us in the opposite direction and to the wildest extreme. Why has he done this, and what is the result?

There is probably more than one reason behind the curious presentation of *The Tales of Belkin*. Parody, of course, comes into it; Pushkin could never resist ridiculing a literary tradition and here he makes fun of all fictional works with elaborate and ingratiating front material. At the same time he delights in toying with narrative devices in a manner worthy of Laurence Sterne, whose formally iconoclastic novel, *Tristram Shandy*, had achieved great popularity in Russia. Again, the possibility of confusing the censor also arises, though the need to do so does not seem great. (Nevertheless an American scholar, A. Kodjak, proposes ingeniously that the entire section 'From the Publisher' is a political message written in code.) More convincing is the idea that Pushkin did all of this to shield himself. His half-hearted attempt at anonymity may give us the clue we need; much may be explained by the famous poet's lack of self-confidence in an unconquered literary realm. He seems to have placed all possible veils and filters between himself and the written word, as if this might somehow prevent or deflect adverse criticism. If there are narrative weaknesses or faults of style, he seems to imply, lay them not at my door; they can be ascribed to any one of the intermediaries through whom the adventures have found expression. None of this really works. Few readers will bother to work through the catenation of narrators and editors; most will go straight to the stories. In any case, the whole thing has been overdone; the joke, if it is one, has been taken too far. Although the publisher's Introduction is a fine piece of writing in itself, a little masterpiece of comic prose, the paraphernalia which introduce *The Tales of Belkin* have the air of a nervous gesture performed by a talented but insecure beginner, who has been drawn into a new area more by curiosity than by instinct.

Questions of quality

In view of all these complexities how are we to evaluate the five tales? As far as literary style is concerned they are impeccably crafted, excellent examples of modern Russian prose, an artistic treat and a pleasure to read. Thus the question of whether they are still worth reading answers itself. Most readers, however, are hoping for more than accomplished penmanship. What of the stories, situations, events, characters and meanings? In order to assess these, the collection must be broken down. The set as a whole has no natural organic unity; any tendency towards synthesis has been imposed from without through the personality of the recording editor or through a common critical approach to the stories subsequently adopted, like the one which sees them all as parodies. They cannot be judged as a group.

When required to stand up as individuals, the tales show their strengths and inadequacies with some clarity. They pull in different directions with varying amounts of energy. Two of them, *The Blizzard* and *The Peasant Lady*, seem very fragile. Two more, *The Shot* and *The Stationmaster*, are more robust, likely to withstand a searching examination. As for *The Coffin-maker*, this piece, too, has a powerful individuality even though it lacks a proper story. The lengths of the tales, incidentally, have nothing to do with their quality. On recollection you would almost swear that *The Stationmaster* was twice the length of *The Peasant Lady* because of its greater substance; in fact the latter, the longest story of the five, is almost half as long again as the former.

The two slender items may be quickly dismissed. When read simply as stories, they lack a good deal. The reliance on coincidence, disguise and intrigue, details of which are too obvious to need parading, leaves these tales stranded in the distant land of improbability; their fairy-tale atmosphere may be agreeable to stroll through, but it makes no demands on the imagination and leaves little in the memory. Only a few years ago, one of them, *The Blizzard*, was presented on BBC radio in a dramatised form, without a word of explanation. To think that the world might judge Alexander Sergeyevich according to the strengths of this little piece was worrying for all lovers of Pushkin. Neither of these two tales has much to offer if we are trying to sell this writer's reputation on the open literary market. Perhaps the best that can be done (beyond the concept of parody) is to regard them as wish-fulfilment dreams of the supposed original narrator, Miss K.I.T.

The shortest tale is, on the other hand, a comic masterpiece. The difference between *The Coffin-maker* and Miss K.I.T.'s offerings is that, while they pretend to be real stories, it does not. This is an anecdotal romp, a good idea quickly realised. Within its tiny compass (a couple of thousand words) it manages unpretentiously to establish a minor but memorable character and give us much detail of his lugubrious trade. Adrian Prokhorov is obviously a bit of a crook, so perhaps he deserves the little shake-up administered by the nightmare in which he is revisited by all his erstwhile clients. His come-uppance arrives in mid-dream, but it follows a bit of chicanery at the laying out of old Mrs Trukhina when, as we discover from a knowing glance exchanged with his friend the bailiff, Adrian is planning to make good capital out of the family's distress. Thus the story pretends to deliver the lightest possible hint at moral instruction, though the moment this thought is uttered it becomes a lie. The story is nothing more than a lovely, lurid joke, deriding all writers who, before and since, have exploited this kind of material at length and for sensational purposes. In a modest kind of way *The Coffin-maker* amounts even to a private gibe at death itself, since it was the first of the tales to be written, very soon after news of the cholera outbreak had broken. By virtue of its limited ambition and lightness of execution, it is perhaps the most accomplished story of them all. This can be given to the outside world, unexplained, as worthy of the master's pen.

Nothing is quite so clear-cut in relation to *The Shot*. This tale has the strongest narrative impulse, the reader at all times being impelled forward by a genuine feeling of suspense. One simply wants to know the explanation behind Silvio's odd behaviour and, later on, how things worked out when he eventually hounded his adversary into a position of vulnerability. The multiple-narrator device, at this level alone, works with remarkable effect, passing the story carefully from hand to hand without dropping anything. The formula is most satisfying: a narrator sets the scene, Silvio enters the narrative and then we learn of a duel, all of this being neatly repeated in the second chapter but with the Count taking Silvio's place. Everything ends satisfactorily, without tragedy (which had somehow never seemed remotely likely) and without loose ends. It ought to feel like a good story well told, but there is something in the tone of the narrative which prevents this. Pushkin has not quite found the right balance between parody and serious story-telling. A touch of melodrama here, a nudge towards sensationalism there, and the reader is left wondering about the author's intentions and achievement. Only an ingenuous reader will accept this story at face value; for most people Silvio will have overplayed his hand. In another context we might have worried about his obsessive psychological condition; here we are happy enough merely to find out how it all ended.

This leaves us with *The Stationmaster*, which many people, not without justification, have taken more seriously than any of the other tales. Here we have a real story with characters who make no unreasonable demands on credulity, a surprising turn of events which owes nothing to sensationalism and, for all its lack of detail, a rather moving ending. Samson Vyrin, the harassed master of a posting station, suffers the loss of his beautiful young daughter who is apparently abducted by a hussar. Following her to the big city, he is rejected by the young man and has to return home; only the bottle and premature death await him. From a kind of epilogue, however, we learn that his daughter has done well for herself, much better than she could ever have done had she stayed with her father. There are rich pickings here. Parody, as we have seen, is at the back of things, but it does not obtrude because there is much more besides. The opening paragraph is one of Pushkin's finest, an amusing little essay on the trials of a stationmaster's life, the other side of a story of incompetence and hostility which he knew only too well from personal experience. The unexpected inversion of an anticipated diatribe *against* such operatives as Samson Vyrin, the seven rhetorical questions and many exclamation marks, the mock seriousness and gathering impetus, the culmination of the argument in a little dreamt-up narrative which seems almost to encapsulate the story of Gogol's play, *The Government Inspector* – all of this is fine comic writing. When the story takes over we are captivated by two things: the exquisite portrait of Dunya, who has all visitors swooning, and the growing helplessness of her ill-starred and incapable father. The hussar scarcely counts; he is needed only to move the story along. Vyrin's bad luck and downtrodden condition certainly make him a noble forerunner of many such downcast victims of adversity who will populate later pages of Russian fiction. Everything is against them, social discrimination, personal inadequacy, destiny itself. What is so pathetic about these low creatures is their sheer incapacity to resist and fight back; one senses from their first entry into the story that nothing will ever go right for them. This is an unheroic company that Russian literature has made its own, and the wretched Samson Vyrin stands as its dynastic head.

To this story belongs a quality which lies at the centre of Pushkin's achievement in poetry: his unusual ability to work upon the imagination in such a way that more is suggested than said. Any individual stanza of *Eugene Onegin*, any part of a Pushkin lyric, will tell a story substantiated far beyond the scope of the meagre allocation of words employed. Here, similarly, we have scarcely 4,000 words, but at the end of them we have heard, learned and contemplated more than in all the other four tales put together, about posting stations, the Russian countryside and village people, about human nature, family relationships and a range of personal weaknesses. It is a very sad story, with some slight lapses into lachrymose excess, but one which redeems its own shortcomings through warmth, honesty, worldly practicality and humour.

These are *The Tales of Belkin*, an intriguing collection of disparate stories, which remain open to wider discussion. Their defects and qualities, despite being described on a broad scale and over a long period, have not yet settled into stable equilibrium. For some time to come individual preference seems likely to govern judgement both of their separate merits and overall quality.

A.D.P. Briggs

SELECT BIBLIOGRAPHY OF FURTHER READING IN ENGLISH

A wide-ranging bibliography of Pushkin's prose works is to be found in Paul Debreczeny, *The Other Pushkin: a Study of Alexander Pushkin's Prose Fiction* (Stanford University Press, Stanford, California, 1983) (386pp.). Described as a 'Select Bibliography', it nevertheless contains 487 items, mostly in Russian but many in English.

The most reliable of many translations into English of *The Tales of Belkin* is that by Gillon Aitken and David Budgen (Angel Classics, London, 1983).

Longer studies containing material on the 'Povesti Belkina':

Bayley, J., *Pushkin: A Comparative Commentary* (Cambridge, 1971).

Briggs, A.D.P., *Alexander Pushkin: A Critical Study* (Croom Helm, 1983; reprinted, Bristol Classical Press, 1991).

Debreczeny, P., *The Other Pushkin: a Study of Alexander Pushkin's Prose Fiction* (Stanford, 1983).

Green, M., 'Pushkin and Sir Walter Scott', *Forum for Modern Language Studies* I, No. 3 (1965) 207-15.

Lavrin, J., *Pushkin and Russian Literature* (London, 1947).

Mirsky, D.S., *Pushkin* (London, 1926).

Patrick, G.Z., 'Pushkin's Prose Writings', in *Centennial Essays for Pushkin*, (eds) S.H. Cross and E.J. Simmons (New York, 1937).

Shklovsky, V., 'Pushkin's Prose', in *Pushkin: A Collection of Articles and Essays* (Moscow, USSR Society for Cultural Relations with Foreign Countries, 1939) 106-15.

Stenbock-Fermor, E., 'Some neglected features of the epigraphs in *The Captain's Daughter* and other stories of Pushkin', *International Journal of Slavic Linguistics and Poetics* 8 (1964) 110-23.

Vickery, W.N., *Alexander Pushkin* (New York, 1970).

Works devoted specifically to the 'Povesti Belkina':

Bethea, D.M. and Davydov, S., 'Pushkin's Saturnine Cupid: the Poetics of Parody in *The Tales of Belkin*', *PMLA* 96, No. 1 (1981) 8-21.

Brun-Zejmis, J., '*Malen'kie Tragedii* and *Povesti Belkina*: Western Idolatry and Pushkinian Parodies', *Russian Language Journal* 32, No. 111 (1978) 65-75.

Budgen, D., 'Introduction in *Alexander Pushkin: 'The Tales of Belkin'* (Angel Classics, London, 1983).

Gregg, R.A., 'A Scapegoat for All Seasons: the Unity and the Shape of *The Tales of Belkin*', *Slavic Review* 30, No. 4 (1971) 748-61.

Kodjak, A., *Pushkin's I.P. Belkin* (Columbus, Ohio, 1979).

Lednicki, W., 'Bits of Table Talk on Pushkin', III: 'The Snowstorm', *American Slavic and East European Review* 4 (1947) 110-33.

Little, E., 'The Peasant and the Stationmaster: a Question of Realism', *Journal of Russian Studies*, vol. 38 (1979) 23-31.

Unbegaun, B.O., 'Introduction', in A.S. Pushkin, *The Tales of the Late Ivan Petrovich Belkin* (Oxford, 1947) xi-xxxiii.

Shaw, J.T., 'Pushkin's *The Stationmaster* and the New Testament Parable', *Slavic and East European Journal* 21, No. 1 (1977) 3-29.

——— 'Pushkin's *The Shot*', Indiana Slavic Studies, 28 (1963) 113-29.

Van der Eng, J., van Holk, A.G.F. and Meijer, J.M., *The Tales of Belkin by A.S. Pushkin*, Dutch Studies in Russian Literature, No. 1 (The Hague, 1968).

Ward, D., 'The Structure of Pushkin's *Tales of Belkin*', *Slavonic and East European Review* 33, No. 81 (1955) 516-27.

A.D.P. Briggs

А. С. ПУШКИН

ПО́ВЕСТИ ПОКО́ЙНОГО ИВА́НА ПЕТРО́ВИЧА БЕ́ЛКИНА

Г-жа́ Простако́ва:
То, мой ба́тюшка, он ещё
сы́змала к исто́риям
охо́тник.

Скоти́нин:
Митрофа́н по мне.

Не́доросль. [1])

---

[1] The title of a well-known comedy by D. I. Fonvizin (1745-1792). In the eighteenth century, the name не́доросль designated a youth of noble family who was still a minor and had not yet begun his career in the army or the civil service; later the word acquired the meaning of 'dolt,' or 'simpleton.'

ОТ ИЗДА́ТЕЛЯ

Взя́вшись хлопота́ть об изда́нии Повесте́й И. П. Бе́лкина, предлага́емых ны́не пу́блике, мы жела́ли к о́ным присовокупи́ть хотя́ кра́ткое жизнеописа́ние поко́йного а́втора и тем отча́сти удовлетвори́ть справедли́вому любопы́тству люби́телей оте́чественной слове́сности. Для сего́ обрати́лись бы́ло мы к Ма́рье Алекса́ндровне Трафи́линой, ближа́йшей ро́дственнице и насле́днице Ива́на Петро́вича Бе́лкина; но к сожале́нию ей невозмо́жно бы́ло нам доста́вить никако́го о нём изве́стия, и́бо поко́йник во́все не́ был ей знако́м. Она́ сове́товала нам отнести́сь по сему́ предме́ту к одному́ почте́нному му́жу, бы́вшему дру́гом Ива́ну Петро́вичу. Мы после́довали сему́ сове́ту и на письмо́ на́ше получи́ли нижесле́дующий жела́емый отве́т. Помеща́ем его́ безо вся́ких переме́н и примеча́ний, как драгоце́нный па́мятник благоро́дного о́браза мне́ний и тро́гательного дру́жества, а вме́сте с тем, как и весьма́ доста́точное биографи́ческое изве́стие.

Ми́лостивый Госуда́рь мой ** ** ! [1])

Почте́ннейшее письмо́ ва́ше от 15-го сего́ ме́сяца получи́ть име́л я честь 23 сего́ же ме́сяца, в ко́ем вы изъявля́ете мне своё жела́ние име́ть подро́бное изве́стие о вре́мени рожде́ния и сме́рти, о слу́жбе, о дома́шних обстоя́тельствах, та́кже и о заня́тиях и нра́ве поко́йного Ива́на Петро́вича Бе́лкина, бы́вшего моего́ и́скреннего дру́га и сосе́да по поме́стьям.

---

[1] Ми́лостивый Госуда́рь, copied from the German *Gnädiger Herr*, was up to 1917 the customary manner of

С вели́ким мои́м удово́льствием исполня́ю сие́ ва́ше жела́ние и препровожда́ю к вам, Ми́лостивый Госуда́рь мой, всё, что из его́ разгово́ров а та́кже из со́бственных мои́х наблюде́ний запо́мнить могу́.

Ива́н Петро́вич Бе́лкин роди́лся от че́стных и благоро́дных роди́телей в 1798 году́ в селе́ Горю́хине. Поко́йный оте́ц его́ секу́нд-маио́р [1]) Пётр Ива́нович Бе́лкин был жена́т на деви́це Пелаге́е·Гаври́ловне из до́му Трафи́линых. Он был челове́к не бога́тый, но уме́ренный и по ча́сти хозя́йства весьма́ смышлёный. Сын их получи́л первонача́льное образова́ние от дереве́нского дьячка́. Сему́-то почте́нному му́жу [2]) был он, ка́жется, обя́зан охо́тою к чте́нию и заня́тиям по ча́сти Ру́сской Слове́сности. В 1815 году́ вступи́л он в слу́жбу в пехо́тный е́герский полк [3]) (число́м не упо́мню), в ко́ем и находи́лся до са́мого 1823 го́да. Смерть его́ роди́телей, почти́ в одно́ вре́мя приключи́вшаяся, пону́дила его́ пода́ть в отста́вку и прие́хать в село́ Горю́хино, свою́ о́тчину. [4])

Вступи́в в управле́ние име́ния, Ива́н Петро́вич, по причи́не свое́й нео́пытности и мягкосе́рдия, в ско́ром вре́мени запусти́л хозя́йство и осла́бил стро́гий

---

address in beginning a letter to a stranger. In Pushkin's time the pronoun мой marked the relationship of superior to inferior. His age and the consciousness of his position (see the end of the letter) authorized the writer to employ the мой.

[1] A second major was a superior officer of the lowest rank; this rank was suppressed at the beginning of the reign of the Emperor Paul I (1796–1801), at the time when the army was reorganized. See p. 76, n. 2 (to Ба́рышня крестья́нка).

[2] When used in the sense of 'man,' the word муж acquires particular importance and solemnity.

[3] Regiment of light infantry; today, стрелко́вый полк.

[4] The form во́тчина for 'patrimony,' 'estate,' is the more current one.

поря́док, заведённый поко́йным его́ роди́телем. Смени́в испра́вного и расторо́пного ста́росту, ко́им крестья́не его́ (по их привы́чке) бы́ли недово́льны, поручи́л он управле́ние села́ ста́рой свое́й клю́чнице, приобре́тшей его́ дове́ренность иску́сством расска́зывать исто́рии. Сия́ глу́пая стару́ха не уме́ла никогда́ различи́ть двадцатипятирублёвой ассигна́ции от пятидесятирублёвой; крестья́не, ко́им она́ всем была́ кума́, её во́все не боя́лись; и́ми вы́бранный ста́роста до того́ им потво́рствовал, плутая́ [1]) заодно́, что Ива́н Петро́вич принуждён был отмени́ть ба́рщину [2]) и учреди́ть весьма́ уме́ренный обро́к; [3]) но и тут крестья́не, по́льзуясь его́ сла́бостию, на пе́рвый год вы́просили себе́ нарочи́тую льго́ту, а в сле́дующие бо́лее двух третей обро́ка плати́ли оре́хами, брусни́кою и тому́ подо́бным; и тут бы́ли недои́мки.

Быв прия́тель поко́йному роди́телю Ива́на Петро́вича, я почита́л до́лгом предлага́ть и сы́ну свои́ сове́ты и неоднокра́тно вызыва́лся восстанови́ть пре́жний, им упу́щенный, поря́док. Для сего́, прие́хав одна́жды к нему́, потре́бовал я хозя́йственные кни́ги, призва́л плута́ ста́росту и в прису́тствии Ива́на Петро́вича заня́лся́ рассмотре́нием о́ных. Молодо́й хозя́ин снача́ла стал сле́довать за мно́ю со всевозмо́жным внима́нием и приле́жностию; но как по счета́м оказа́лось, что в после́дние два го́да число́ крестья́н умно́жилось, число́ же дворо́вых птиц и дома́шнего скота́ нарочи́то уме́ньшилось, то Ива́н Петро́вич дово́льствовался сим пе́рвым све́дением и да́лее меня́ не слу́шал, и в ту са́мую мину́ту, как я свои́ми разыска́ниями и стро́гими допро́сами плута́ ста́росту

[1] The gerund of плута́ть 'to cheat'; today, плутова́ть.

[2] In the terminology of Russian serfdom, ба́рщина was the compulsory service due to the landlord.

[3] A money payment in place of service.

в кра́йнее замеша́тельство привёл и к совершённому безмо́лвию прину́дил, с вели́кою мое́ю доса́дою услы́шал я Ива́на Петро́вича, кре́пко храпя́щего на своём сту́ле. С тех пор переста́л я вме́шиваться в его́ хозя́йственные распоряже́ния и пре́дал его́ дела́ (как и он сам) распоряже́нию Всевы́шнего.

Сие́ дру́жеских на́ших сноше́ний ниско́лько, впро́чем, не расстро́ило; и́бо я, соболезну́я его́ сла́бости и па́губному нераде́нию, о́бщему молоды́м на́шим дворя́нам, и́скренно люби́л Ива́на Петро́вича; да нельзя́ бы́ло и не люби́ть молодо́го челове́ка столь кро́ткого и че́стного. С свое́й стороны́ Ива́н Петро́вич ока́зывал уваже́ние к мои́м лета́м и серде́чно был ко мне приве́ржен. До са́мой кончи́ны свое́й он почти́ ка́ждый день со мно́ю ви́делся, дорожа́ просто́ю мое́ю бесе́дою, хотя́ ни привы́чками, ни о́бразом мы́слей, ни нра́вом, мы бо́льшею ча́стию друг с дру́гом не схо́дствовали.

Ива́н Петро́вич вёл жизнь са́мую уме́ренную, избега́л вся́кого ро́да изли́шеств; никогда́ не случа́лось мне ви́деть его́ навеселе́ (что в краю́ на́шем за неслы́ханное чу́до поче́сться мо́жет); к же́нскому же по́лу име́л он вели́кую скло́нность, но стыдли́вость была́ в нём и́стинно деви́ческая. *)

Кро́ме повесте́й, о кото́рых в письме́ ва́шем упомина́ть изво́лите, Ива́н Петро́вич оста́вил мно́жество ру́кописей, кото́рые ча́стию у меня́ нахо́дятся, ча́стию употреблены́ его́ клю́чницею на ра́зные дома́шние потре́бы. Таки́м о́бразом про́шлою зимо́ю все о́кна её фли́геля закле́ены бы́ли пе́рвою ча́стию

---

* Сле́дует анекдо́т, ко́его мы не помеща́ем, полага́я его́ изли́шним; впро́чем уверя́ем чита́теля, что он ничего́ предосуди́тельного па́мяти Ива́на Петро́вича Бе́лкина в себе́ не заключа́ет.

рома́на, кото́рого он не ко́нчил. Вышеупомя́нутые по́вести бы́ли, ка́жется, пе́рвым его́ о́пытом. Они́, как ска́зывал Ива́н Петро́вич, бо́льшею ча́стию справедли́вы и слы́шаны им от ра́зных осо́б. *) Одна́ко ж имена́ в них почти́ все вы́мышлены им сами́м, а назва́ния сёл и дереве́нь заи́мствованы из на́шего около́дка, отчего́ и моя́ дере́вня где́-то упомя́нута. Сие́ произошло́ не от зло́го како́го-либо наме́рения, но еди́нственно от недоста́тка воображе́ния.

Ива́н Петро́вич о́сенью 1828 го́да занемо́г просту́дною лихора́дкою, обрати́вшеюся в горя́чку, и у́мер, несмотря́ на неусы́пные стара́ния уе́здного на́шего ле́каря, челове́ка весьма́ иску́сного, осо́бенно в лече́нии закорене́лых боле́зней, как-то мозо́лей и тому́ подо́бного. Он сконча́лся на мои́х рука́х на

---

* В са́мом де́ле, в ру́кописи г. Бе́лкина, над ка́ждой по́вестию руко́ю а́втора надпи́сано: слы́шано мно́ю от тако́й-то осо́бы (чин и́ли зва́ние [1]) и загла́вные бу́квы и́мени и фами́лии). Выпи́сываем для любопы́тных изыска́телей: Смотри́тель расска́зан был ему́ титуля́рным сове́тником [2]) А. Г. Н., Вы́стрел подполко́вником И. Л. П., Гробовщи́к прика́щиком Б. В., Мете́ль и Ба́рышня деви́цею К. И. Т.

---

[1] Чин means 'rank,' and is used for the army as well as for the civil service. Both were originally divided into fourteen classes, each of which corresponded to a specific чин; thus, for instance, officers of the sixth class held the rank of 'colonel' (полко́вник) in the army and that of 'collegiate councillor' (колле́жский сове́тник) in the civil service. The junior class was the fourteenth. All чины́ were abolished in 1917; later only military ranks were re-established. The word зва́ние does not have as definite a meaning as the word чин; in earlier times it indicated the social status of a person; later it was used also in the sense of 'condition,' 'office,' 'title.'

[2] A grade of the ninth class in the civil service, corresponding to the rank of captain in the army.

30-м году́ от рожде́ния и похоро́нен в це́ркви села́ Горю́хина, близ поко́йных его́ роди́телей.

Ива́н Петро́вич был ро́сту сре́днего, глаза́ име́л се́рые, волоса́ [1]) ру́сые, нос прямо́й; лицо́м был бел и худоща́в.

Вот, Ми́лостивый Госуда́рь мой, всё, что мог я припо́мнить, каса́тельно о́браза жи́зни, заня́тий, нра́ва и нару́жности поко́йного сосе́да и прия́теля моего́. Но в слу́чае, е́сли заблагорассу́дите сде́лать из сего́ моего́ письма́ како́е-либо употребле́ние, всепоко́рнейше прошу́ ника́к и́мени моего́ не упомина́ть; и́бо хотя́ я весьма́ уважа́ю и люблю́ сочини́телей, но в сие́ зва́ние вступи́ть полага́ю изли́шним и в мои́ лета́ неприли́чным. С и́стинным мои́м почте́нием и про́ч. [2])

1830 го́ду ноября́ 16.

Село́ Ненара́дово [3]).

Почита́я до́лгом, ува́жить во́лю почте́нного дру́га а́втора на́шего, прино́сим ему́ глубоча́йшую благода́рность за доста́вленные нам изве́стия и наде́емся, что пу́блика оце́нит их и́скренность и доброду́шие.

А. П.

---

[1] In modern Russian the form во́лосы is preferred.

[2] Sc. и про́чее, 'etc.'

[3] The contrast between the indolent Belkin and his vigorous friend is to a certain extent symbolized by the name of their estates: Горю́хино, from го́ре, 'sorrow,' 'misery,' and Ненара́дово, from не нара́доваться, 'to fully enjoy.' Belkin's friend is not mistaken: his village is mentioned in Мете́ль (p. 28).

ВЫ́СТРЕЛ

I

Стреля́лись мы.

Бараты́нский. [1]

Я покля́лся́ застрели́ть его́ по пра́ву дуэ́ли
(за ним оста́лся ещё мой вы́стрел). [2]

Ве́чер на бивуа́ке. [3]

Мы стоя́ли в месте́чке ***. Жизнь арме́йского офице́ра [4] изве́стна. У́тром уче́нье, мане́ж; обе́д у полково́го команди́ра и́ли в жидо́вском [5] тракти́ре; ве́чером пунш и ка́рты. В *** не́ было ни одного́ откры́того до́ма, ни одно́й неве́сты; мы собира́лись друг у дру́га, где, кро́ме свои́х мунди́ров, не вида́ли ничего́.

Оди́н то́лько челове́к принадлежа́л на́шему о́бществу, не бу́дучи вое́нным. Ему́ бы́ло о́коло тридцати́ пяти́ лет, и мы за то почита́ли его́ старико́м.

---

[1] The quotation is taken from the poem Бал by E. A. Baratynski (1800-1844).

[2] 'He still owed me my pistol shot.'

[3] The title of a short story by Marlinski (pseudonym of A. A. Bestuzhev, 1797-1837), which appeared in 1823 in the review Поля́рная звезда́.

[4] An ordinary officer, as opposed to an officer of the Guards (гварде́йский офице́р). The regiments of the Guards were stationed in the capital, and their officers could therefore lead a gayer social life.

[5] In Pushkin's time the word жид for 'Jew' had not yet acquired the meaning of disparagement which it has today, when the word habitually used is евре́й. In southern and western Russia inns and public-houses were usually kept by Jews.

О́пытность дава́ла ему́ перед на́ми мно́гие преиму́щества; к то́му же его́ обыкнове́нная угрю́мость, круто́й нрав и злой язы́к име́ли си́льное влия́ние на молоды́е на́ши умы́. Кака́я-то таинственность окружа́ла его́ судьбу́; он каза́лся ру́сским, а носи́л иностра́нное и́мя. Не́когда он служи́л в гуса́рах, и да́же сча́стливо; никто́ не знал причи́ны, побуди́вшей его́ вы́йти в отста́вку и посели́ться в бе́дном место́чке, где жил он вме́сте и бе́дно, и расточи́тельно: ходи́л ве́чно пешко́м, в изно́шенном чёрном сертуке́, [1]) а держа́л откры́тый стол для всех офице́ров на́шего полка́. Пра́вда, обе́д его́ состоя́л из двух или трёх блюд, изгото́вленных отставны́м солда́том, но шампа́нское лило́сь прито́м реко́ю. Никто́ не знал ни его́ состоя́ния, ни его́ дохо́дов, и никто́ не осме́ливался о том его́ спра́шивать. У него́ води́лись кни́ги, бо́льшею ча́стию вое́нные, да рома́ны. Он охо́тно дава́л их чита́ть, никогда́ не тре́буя их наза́д; зато́ никогда́ не возвраща́л хозя́ину кни́ги, им за́нятой. Гла́вное упражне́ние его́ состоя́ло в стрельбе́ из пистоле́та. Сте́ны его́ ко́мнаты бы́ли все источены пу́лями, все в сква́жинах, как со́ты пчели́ные. Бога́тое собра́ние пистоле́тов бы́ло еди́нственной ро́скошью бе́дной ма́занки, [2]) где он жил. Иску́сство, до ко́его дости́г он, бы́ло неимове́рно, и е́сли б он вы́звался пу́лей сбить гру́шу с фура́жки кого́ б то ни́ было, никто́ б в на́шем полку́ не усомни́лся подста́вить ему́ свое́й головы́. Разгово́р между на́ми каса́лся ча́сто поеди́нков; Си́львио (так назову́ его́) никогда́ в него́ не вме́шивался. На вопро́с, случа́лось ли ему́ дра́ться, отвеча́л он су́хо, что случа́лось, но в подро́бности не входи́л,

---

[1] Today, сюрту́к, 'frock coat.'

[2] Ма́занка: a little house built of clay, whitewashed and straw-thatched; a type of building very frequently seen in southern Russia.

и ви́дно бы́ло, что таковы́е вопро́сы бы́ли ему́ неприя́тны. Мы полага́ли, что на со́вести его́ лежа́ла кака́я-нибудь несча́стная же́ртва его́ ужа́сного иску́сства. Впро́чем нам и в го́лову не приходи́ло подозрева́ть в нём что́-нибудь похо́жее на ро́бость. Есть лю́ди, ко́их одна́ нару́жность удаля́ет таковы́е подозре́ния. Неча́янный слу́чай всех нас изуми́л.

Одна́жды челове́к де́сять на́ших офице́ров обе́дали у Си́львио. Пи́ли по обыкнове́нному, то́-есть о́чень мно́го; по́сле обе́да ста́ли мы угова́ривать хозя́ина промета́ть нам банк.[1]) До́лго он отка́зывался, и́бо никогда́ почти́ не игра́л; наконе́ц веле́л пода́ть ка́рты, вы́сыпал на стол полсо́тни черво́нцев и сел мета́ть. Мы окружи́ли его́, и игра́ завяза́лась. Си́львио име́л обыкнове́ние за игро́ю храни́ть соверше́нное молча́ние, никогда́ не спо́рил и не объясня́лся. Е́сли понтёру случа́лось обсчита́ться, то он тотча́с и́ли допла́чивал достально́е,[2]) и́ли запи́сывал ли́шнее. Мы уж э́то зна́ли и не меша́ли ему́ хозя́йничать по-сво́ему;[3]) но между на́ми находи́лся офице́р, неда́вно к нам переведённый. Он, игра́я тут же, в рассе́янности загну́л ли́шний у́гол.[4]) Си́львио взял мел и уравня́л

---

[1] This refers to a game of chance similar to baccara or faro, in which one of the players, the banker (банкомёт), holds the bank (мета́ть банк), while the others (понтёры, 'punters') place their stakes on the cards (понти́ровать).

[2] In literary language, достально́й is today replaced by остально́й.

[3] This accent only figures when the possessive is used adverbially and is preceded by по; otherwise the accentuation is своему́.

[4] In the player's jargon, загну́ть уго́л means to double the stake. The Russian expression is derived from the habit of bending the corner of the card on which the stake was doubled; загну́ть ли́шний уго́л would therefore mean making a false bid of doubling the stake.

счёт по своему́ обыкнове́нию. Офице́р, ду́мая, что он оши́бся, пусти́лся в объясне́ния. Си́львио мо́лча продолжа́л мета́ть. Офице́р, потеря́в терпе́ние, взял щётку и стёр то, что каза́лось ему́ напра́сно запи́санным. Си́львио взял мел и записа́л сно́ва. Офице́р, разгорячённый вино́м, игро́ю и сме́хом това́рищей, почёл себя́ жесто́ко оби́женным и, в бе́шенстве схвати́в со стола́ ме́дный шанда́л, [1]) пусти́л его́ в Си́львио, кото́рый едва́ успе́л отклони́ться от уда́ра. Мы смути́лись. Си́львио встал, побледне́л от зло́сти и с сверка́ющими глаза́ми сказа́л: «Ми́лостивый госуда́рь, изво́льте вы́йти и благодари́те Бо́га, что э́то случи́лось у меня́ в до́ме».

Мы не сомнева́лись в после́дствиях и полага́ли но́вого това́рища уже́ уби́тым. Офице́р вы́шел вон, сказа́в, что за оби́ду гото́в отвеча́ть, как бу́дет уго́дно господи́ну банкомёту. [2]) Игра́ продолжа́лась ещё не́сколько мину́т; но чу́вствуя, что хозя́ину бы́ло не до игры́, [3]) мы отста́ли оди́н за други́м и разбрели́сь по кварти́рам, толку́я о ско́рой вака́нции. [4])

На друго́й день в мане́же мы спра́шивали уже́, жив ли ещё бе́дный пору́чик, как сам он яви́лся между на́ми; мы сде́лали ему́ тот же вопро́с. Он отвеча́л, что об Си́львио не име́л он ещё никако́го изве́стия. Э́то нас удиви́ло. Мы пошли́ к Си́львио и нашли́ его́ на дворе́, сажа́ющего пу́лю на пу́лю в туза́, [5]) прикле́енного к воро́там. Он при́нял нас по обыкнове́нному,

---

[1] Candlestick.

[2] See p. 11, n. 1.

[3] Хозя́ину бы́ло не до игры́: 'the host was not in the mood for a game'; dative + не до + substantive in the genitive = 'not to be in the mood for . . .'

[4] Today, вака́нсия.

[5] The names of cards which are masculine (туз, 'ace'; коро́ль, 'king'; вале́т, 'knave'; ко́зырь, 'trump') are

ни сло́ва не говоря́ о вчера́шнем происше́ствии. Прошло́ три дня, пору́чик был ещё жив. Мы с удивле́нием спра́шивали: неуже́ли Си́львио не бу́дет дра́ться? Си́львио не дра́лся. Он дово́льствовался о́чень лёгким объясне́нием и помири́лся.

Э́то бы́ло чрезвыча́йно повреди́ло ему́ во мне́нии молодёжи. Недоста́ток сме́лости ме́нее всего́ извиня́ется молоды́ми людьми́, кото́рые в хра́брости обыкнове́нно ви́дят верх челове́ческих досто́инств и извине́ние всевозмо́жных поро́ков. Одна́ко ж ма́ло-пома́лу всё бы́ло забы́то, и Си́львио сно́ва приобрёл пре́жнее своё влия́ние.

Оди́н я не мог уже́ к нему́ прибли́зиться. Име́я от приро́ды романи́ческое воображе́ние, я всех сильне́е пре́жде сего́ был привя́зан к челове́ку, ко́его жизнь была́ зага́дкою, и кото́рый каза́лся мне геро́ем таинственной како́й-то по́вести. Он люби́л меня́; по кра́йней ме́ре со мной одни́м оставля́л обыкнове́нное своё ре́зкое злоре́чие и говори́л о ра́зных предме́тах с простоду́шием и необыкнове́нною прия́тностию. Но по́сле несча́стного ве́чера, мысль, что честь его́ была́ зама́рана и не омы́та по его́ со́бственной во́ле, э́та мысль меня́ не покида́ла и меша́ла мне обходи́ться с ним по пре́жнему; мне бы́ло со́вестно на него́ гляде́ть. Си́львио был сли́шком умён и о́пытен, что́бы э́того не заме́тить и не уга́дывать тому́ причи́ны. Каза́лось, э́то огорча́ло его́; по кра́йней ме́ре я заме́тил ра́за два в нём жела́ние со мно́ю объясни́ться; но я избега́л таки́х слу́чаев, и Си́львио от меня́ отступи́лся. С тех пор вида́лся я с ним то́лько при това́рищах, и пре́жние открове́нные разгово́ры на́ши прекрати́лись.

Рассе́янные жи́тели столи́цы не име́ют поня́тия о

---

declined in Russian as if they belonged to an animate being.

многих впечатлениях столь известных жителям деревень или городков, например, об ожидании почтового дня: во вторник и пятницу полковая наша канцелярия была полна офицерами; кто ждал денег, кто письма, кто газет. Пакеты обыкновенно тут же распечатывались, новости сообщались, и канцелярия представляла картину самую оживлённую. Сильвио получал письма, адресованные в наш полк, и обыкновенно тут же находился. Однажды подали ему пакет, с которого он сорвал печать с видом величайшего нетерпения. Пробегая письмо, глаза его сверкали. Офицеры, каждый занятый своими письмами, ничего не заметили. «Господа, — сказал им Сильвио, — обстоятельства требуют немедленного моего отсутствия; еду сегодня в ночь; надеюсь, что вы не откажетесь отобедать у меня в последний раз. Я жду и вас, — продолжал он, обратившись ко мне, — жду непременно». С сим словом он поспешно вышел; а мы, согласясь соединиться у Сильвио, разошлись каждый в свою сторону.

Я пришёл к Сильвио в назначенное время и нашёл у него почти весь полк. Всё его добро было уже уложено; оставались одни голые, простреленные стены. Мы сели за стол; хозяин был чрезвычайно в духе, [1]) и скоро весёлость его соделалась [2]) общею; пробки хлопали поминутно, стаканы пенились и шипели беспрестанно, и мы со всевозможным усердием желали отъезжающему доброго пути и всякого блага. Встали из-за стола уже поздно вечером. При разборе фуражек, Сильвио, со всеми прощаясь, взял меня за руку и остановил в ту самую минуту, как собирался я выйти. «Мне нужно с вами поговорить», сказал он тихо. Я остался.

---

[1] Быть в духе: 'To be in a good temper.'

[2] Archaic Slavonic form; today, сделалась.

Го́сти ушли́; мы оста́лись вдвоём, се́ли друг про́тиву дру́га и мо́лча закури́ли тру́бки. Си́львио был озабо́чен; не́ было уже́ и следо́в его́ су́дорожной весёлости. Мра́чная бле́дность, сверка́ющие глаза́ и густо́й дым, выходя́щий и́зо рту, [1]) придава́ли ему́ вид настоя́щего дья́вола. Прошло́ не́сколько мину́т, и Си́львио прерва́л молча́ние. «Мо́жет быть, мы никогда́ бо́льше не уви́димся, — сказа́л он мне; — перед разлу́кой я хоте́л с ва́ми объясни́ться. Вы могли́ заме́тить, что я ма́ло уважа́ю посторо́ннее мне́ние; но я вас люблю́ и чу́вствую: мне бы́ло бы тя́гостно оста́вить в ва́шем уме́ несправедли́вое впечатле́ние».

Он останови́лся и стал набива́ть вы́горевшую свою́ тру́бку; я молча́л, поту́пя глаза́.

«Вам бы́ло стра́нно, — продолжа́л он, — что я не тре́бовал удовлетворе́ния от э́того пья́ного сумасбро́да Р***. Вы согласи́тесь, что, име́я пра́во вы́брать ору́жие, жизнь его́ была́ в мои́х рука́х, [2]) а моя́ почти́ безопа́сна: я мог бы приписа́ть уме́ренность мою́ одному́ великоду́шию, но не хочу́ лгать. Е́сли б я мог наказа́ть Р***, не подверга́я во́все мое́й жи́зни, [3]) то я б ни за что не прости́л его́».

Я смотре́л на Си́львио с изумле́нием. Таково́е призна́ние соверше́нно смути́ло меня́. Си́львио продолжа́л:

«Так то́чно: я не име́ю пра́ва подверга́ть себя́ сме́рти. Шесть лет тому́ наза́д я получи́л пощёчину, и враг мой ещё жив».

Любопы́тство моё си́льно бы́ло возбуждено́. «Вы

---

[1] The accent is on the preposition because of the genitive in -у; today the expression изо рта́ is preferred.

[2] Originally a gallicism, inadmissible today and rare even in Pushkin's time; in Russian the gerund can only refer to the subject of the sentence.

[3] Опа́сности is implied.

с ним не дра́лись? — спроси́л я. — Обстоя́тельства ве́рно вас разлучи́ли?».

«Я с ним дра́лся, — отвеча́л Си́львио, — и вот па́мятник на́шего поеди́нка».

Си́львио встал и вы́нул из карто́на кра́сную ша́пку с золото́ю ки́стью с галуно́м (то, что францу́зы называ́ют bonnet de police); он её наде́л; она́ была́ простре́лена на вершо́к [1]) ото лба.

«Вы зна́ете, — продолжа́л Си́львио, — что я служи́л в *** гуса́рском полку́. Хара́ктер мой вам изве́стен: я привы́к пе́рвенствовать, но смо́лоду э́то бы́ло во мне стра́стию. В на́ше вре́мя бу́йство бы́ло в мо́де: я был пе́рвым буя́ном по а́рмии. Мы хвастались пья́нством: я перепи́л сла́вного Б[у́рцова], воспе́того Д[ени́сом] Д[авы́довы]м. [2]) Дуэ́ли в на́шем полку́ случа́лись помину́тно: я на всех был и́ли свиде́телем, и́ли де́йствующим лицо́м. Това́рищи меня́ обожа́ли, а полковы́е команди́ры, помину́тно сменя́емые, смотре́ли на меня́, как на необходи́мое зло.

Я споко́йно (и́ли беспоко́йно) наслажда́лся мое́ю сла́вою, как определи́лся к на́м молодо́й челове́к бога́той и зна́тной фами́лии (не хочу́ назва́ть его́). О́троду не встреча́л счастли́вца столь блиста́тельного! Вообрази́те себе́ мо́лодость, ум, красоту́, весёлость са́мую бе́шеную, хра́брость са́мую беспе́чную, гро́мкое и́мя, де́ньги, кото́рым не знал он счёта и кото́рые никогда́ у него́ не переводи́лись, и предста́вьте себе́, како́е де́йствие до́лжен был он произвести́ между

---

[1] Measure of length in the old Russian system: one and three-quarter inches.

[2] Denis Davydov (1784-1839) was a poet and a friend of Pushkin, and one of the guerilla heroes at the time of the retreat of the French army in 1812. A. P. Burtsov (178?-1813), an officer in the hussars, was renowned for his legendary exploits as a fighter and drinker. Davydov had written two poems for him.

на́ми. Пе́рвенство моё поколеба́лось. Обольщённый мое́ю сла́вою, он стал бы́ло иска́ть моего́ дру́жества, [1]) но я при́нял его́ хо́лодно, и он безо вся́кого сожале́ния от меня́ удали́лся. Я его́ возненави́дел. Успе́хи его́ в полку́ и в о́бществе же́нщин приводи́ли меня́ в соверше́нное отча́яние. Я стал иска́ть с ним ссо́ры; на эпигра́ммы мои́ отвеча́л он эпигра́ммами, кото́рые всегда́ каза́лись мне неожи́даннее и остре́е мои́х и кото́рые, коне́чно, невприме́р [2]) бы́ли веселе́е: он шути́л, а я зло́бствовал. Наконе́ц одна́жды на ба́ле у по́льского поме́щика, ви́дя его́ предме́том внима́ния всех дам, и осо́бенно само́й хозя́йки, бы́вшей со мно́ю в связи́, я сказа́л ему́ на́ ухо каку́ю-то пло́скую гру́бость. Он вспы́хнул и дал мне пощёчину. Мы бро́сились к са́блям; да́мы попа́дали в о́бморок; нас растащи́ли, и в ту же ночь пое́хали мы дра́ться.

Э́то бы́ло на рассве́те. Я стоя́л на назна́ченном ме́сте с мои́ми тремя́ секунда́нтами. С неизъясни́мым нетерпе́нием ожида́л я моего́ проти́вника. Весе́ннее со́лнце взошло́ и жар уже́ наспева́л. [3]) Я уви́дел его́ и́здали. Он шёл пешко́м, с мунди́ром на са́бле, сопровожда́емый одни́м секунда́нтом. Мы пошли́ к нему́ навстре́чу. Он прибли́жился, [4]) держа́ фура́жку, напо́лненную чере́шнями. Секунда́нты отме́ряли нам двена́дцать шаго́в. Мне до́лжно бы́ло стреля́ть пе́рвому: но волне́ние зло́бы во мне бы́ло столь си́льно, что я не понаде́ялся на ве́рность руки́ и, что́бы дать себе́ вре́мя осты́ть, уступа́л ему́ пе́рвый вы́стрел; проти́вник мой не соглаша́лся. Положи́ли бро́сить жре́бий: пе́рвый ну́мер доста́лся ему́, ве́чному люби́мцу сча́стия. Он прице́лился и простре́ли́л мне

[1] Today one would say дру́жбы.
[2] 'Incomparably.'
[3] 'The heat was beginning to make itself felt.'
[4] Today one would say прибли́зился (cf. p. 21, l. 6).

фура́жку. О́чередь была́ за мно́ю. Жизнь его наконе́ц была́ в мои́х рука́х; я гляде́л на него́ жа́дно, стара́ясь улови́ть хотя́ одну́ тень беспоко́йства. Он стоя́л под пистоле́том, выбира́я из фура́жки спе́лые чере́шни и выплёвывая ко́сточки, кото́рые долета́ли до меня́. [1]) Его́ равноду́шие взбеси́ло меня́. Что по́льзы мне, поду́мал я, лиши́ть его́ жи́зни, когда́ он е́ю во́все не дорожи́т? Зло́бная мысль мелькну́ла в уме́ моём. Я опусти́л пистоле́т. Вам, ка́жется, тепе́рь не до сме́рти, [2]) сказа́л я ему́, вы изво́лите за́втракать; мне не хо́чется вам помеша́ть. Вы ничу́ть не меша́ете мне, возрази́л он, изво́льте себе́ стреля́ть, а впро́чем как вам уго́дно; вы́стрел ваш остаётся за ва́ми, [3]) я всегда́ гото́в к ва́шим услу́гам. Я обрати́лся к секунда́нтам, объяви́в, что ны́нче стреля́ть не наме́рен, и поеди́нок тем и ко́нчился.

Я вы́шел в отста́вку и удали́лся в э́то месте́чко. С тех пор не прошло́ ни одного́ дня, чтоб я не ду́мал о мще́нии. Ны́не час мой наста́л ...»

Си́львио вы́нул из карма́на у́тром полу́ченное письмо́ и дал мне его́ чита́ть. Кто́-то (каза́лось, его́ пове́ренный по дела́м) писа́л ему́ из Москвы́, что *изве́стная осо́ба*, ско́ро должна́ вступи́ть в зако́нный брак с молодо́й и прекра́сной де́вушкой.

«Вы дога́дываетесь, — сказа́л Си́львио, — кто э́та *изве́стная осо́ба*. Е́ду в Москву́. Посмо́трим, так ли равноду́шно при́мет он смерть перед свое́й сва́дьбой, как не́когда ждал её за чере́шнями!»

При сих слова́х Си́львио встал, бро́сил о́б пол свою́

---

[1] This detail is autobiographical: like Silvio's young adversary, Pushkin was eating cherries at the time of his duel in Kishinev with Zubov, a staff officer.

[2] Вам ... не до сме́рти: 'you are not in a mood to die' (see p. 12, n. 3).

[3] See p. 9, n. 2.

фура́жку и стал ходи́ть взад и вперёд по ко́мнате, как тигр по свое́й кле́тке. Я слу́шал его́ неподви́жно; стра́нные, противополо́жные чу́вства волнова́ли меня́.

Слуга́ вошёл и объяви́л, что ло́шади гото́вы. Си́львио кре́пко сжал мне ру́ку; мы поцелова́лись. Он сел в теле́жку, где лежа́ли два чемода́на, оди́н с пистоле́тами, друго́й с его́ пожи́тками. Мы прости́лись ещё раз, и ло́шади поскака́ли.

II

Прошло́ не́сколько лет, и дома́шние обстоя́тельства прину́дили меня́ посели́ться в бе́дной дереве́ньке N** уе́зда. Занима́ясь хозя́йством, я не перестава́л тихо́нько воздыха́ть о пре́жней мое́й шу́мной и беззабо́тной жи́зни. Всего́ трудне́е бы́ло мне привы́кнуть проводи́ть осе́нние и зи́мние вечера́ в соверше́нном уедине́нии. До обе́да ко́е-как ещё дотя́гивал я вре́мя, толку́я со ста́ростой, разъезжа́я по рабо́там или обходя́ но́вые заведе́ния; но как ско́ро начина́ло смерка́ться, я соверше́нно не знал, куда́ дева́ться. Ма́лое число́ книг, на́йденных мно́ю под шкафа́ми и в кладово́й, бы́ли вы́тверживы мно́ю наизу́сть. Все ска́зки, кото́рые то́лько могла́ запо́мнить клю́чница Кири́ловна, [1]) бы́ли мне переска́заны; пе́сни баб наводи́ли на меня́ тоску́. Приня́лся я бы́ло за неподсла́щенную нали́вку, но от неё боле́ла у меня́ голова́; да призна́юсь, побоя́лся я сде́латься *пья́ницею с го́ря*, т.е. са́мым *го́рьким* пья́ницею, [2]) чему приме́ров мно́жество

[1] In Russia, amongst the people, women of a certain age are often called only by their patronymic (cf. p. 55, n. 3).

[2] Pushkin here makes a pun, by connecting the word го́ре ('bad luck,' 'sorrow') with the current expression го́рький пья́ница ('inveterate drunkard').

ви́дел я в на́шем уе́зде. Бли́зких сосе́дов [1]) о́коло меня́ не́ было, кро́ме двух или трёх *го́рьких*, ко́их бесе́да состоя́ла бо́льшею ча́стию в ико́те и воздыха́ниях. Уедине́ние бы́ло сносне́е.

В четырёх верста́х от меня́ находи́лось бога́тое поме́стье, принадлежа́щее графи́не Б***, но в нём жил то́лько управи́тель, а графи́ня посети́ла своё поме́стье то́лько одна́жды, в пе́рвый год своего́ заму́жества, и то прожила́ там не бо́лее ме́сяца. Одна́ко ж во втору́ю весну́ моего́ затво́рничества разнёсся слух, что графи́ня с му́жем прие́дет на́ лето в свою́ дере́вню. В са́мом де́ле, они́ при́были в нача́ле ию́ня ме́сяца.

Прие́зд бога́того сосе́да есть ва́жная эпо́ха для дереве́нских жи́телей. Поме́щики и их дворо́вые лю́ди [2]) толку́ют о том ме́сяца два пре́жде и го́да три спустя́. Что каса́ется до меня́, [3]) то, признаю́сь, изве́стие о прибы́тии молодо́й и прекра́сной сосе́дки си́льно на меня́ поде́йствовало; я горе́л нетерпе́нием её уви́деть, и потому́ в пе́рвое воскресе́нье по её прие́зде отпра́вился по́сле обе́да в село́ *** рекомендова́ться их сия́тельствам, [4]) как ближа́йший сосе́д и всепоко́рнейший слуга́.

Лаке́й ввёл меня́ в гра́фский кабине́т, а сам пошёл обо мне доложи́ть. Обши́рный кабине́т был у́бран со всевозмо́жною ро́скошью; о́коло стен стоя́ли шкафы́ с кни́гами, и над ка́ждым бро́нзовый бюст; над мра́морным ками́ном бы́ло широ́кое зе́ркало; пол оби́т

---

[1] In the *Tales of Belkin*, сосе́д follows in the plural the hard declension: nom. сосе́ды, gen. сосе́дов, dat. сосе́дам, etc. In modern literary Russian, the plural follows the soft declension: nom. сосе́ди, gen. сосе́дей, dat. сосе́дям, etc.

[2] Serfs employed as domestic servants in the household of the proprietor.

[3] Today, каса́ется меня́.

[4] A title given in Russian to counts and princes.

был зелёным сукно́м и у́стлан ковра́ми. Отвы́кнув от ро́скоши в бе́дном углу́ моём и уже́ давно́ не вида́в чужо́го бога́тства, я оробе́л и ждал гра́фа с каки́м-то тре́петом, как проси́тель из прови́нции ждёт вы́хода мини́стра. Две́ри отвори́лись, и вошёл мужчи́на лет тридцати́ двух, прекра́сный собо́ю. Граф прибли́зился ко мне с ви́дом откры́тым и дружелю́бным; я стара́лся ободри́ться и на́чал бы́ло себя́ рекомендова́ть, но он предупреди́л меня́. Мы се́ли. Разгово́р его́, свобо́дный и любе́зный, вско́ре рассе́ял мою́ одича́лую засте́нчивость; я уже́ начина́л входи́ть в обыкнове́нное моё положе́ние, как вдруг вошла́ графи́ня, и смуще́ние овладе́ло мно́ю пу́ще пре́жнего. В са́мом де́ле, она́ была́ краса́вица. Граф предста́вил меня́; я хоте́л каза́ться развя́зным, но чем бо́льше стара́лся взять на себя́ вид непринуждённости, тем бо́лее чу́вствовал себя́ нело́вким. Они́, чтоб дать мне вре́мя опра́виться и привы́кнуть к но́вому знако́мству, ста́ли говори́ть между собо́ю, обходя́сь со мно́ю как с до́брым сосе́дом и без церемо́нии. Между тем я стал ходи́ть взад и вперёд, осма́тривая кни́ги и карти́ны. В карти́нах я не знато́к, но одна́ привлекла́ моё внима́ние. Она́ изобража́ла како́й-то вид из Швейца́рии; но порази́ла меня́ в ней не жи́вопись, а то, что карти́на была́ простре́лена двумя́ пу́лями, вса́женными одна́ на другу́ю. «Вот хоро́ший вы́стрел», сказа́л я, обраща́ясь к гра́фу. — «Да, — отвеча́л он, — вы́стрел о́чень замеча́тельный. А хорошо́ вы стреля́ете?» продолжа́л он. — «Изря́дно», отвеча́л я, обра́довавшись, что разгово́р косну́лся наконе́ц предме́та, мне бли́зкого. «В тридцати́ шага́х про́маху в ка́рту не дам, разуме́ется, из знако́мых пистоле́тов». — «Пра́во?» — сказа́ла графи́ня с ви́дом большо́й внима́тельности; — «а ты, мой друг, попадёшь ли в ка́рту на тридцати́ шага́х?» — «Когда́-нибудь, — отвеча́л граф, — мы попро́буем. В своё вре́мя я стреля́л не ху́до; но вот уже́ четы́ре го́да, как я не брал в ру́ки пистоле́та». — «О, — заме́тил я, — в тако́м слу́чае бьюсь об закла́д, [1]) что ва́ше сия́тельство не попадёте в ка́рту и в двадцати́ шага́х: пистоле́т тре́бует ежедне́вного упражне́ния. Э́то я зна́ю на о́пыте. У нас в полку́ я счита́лся одни́м из лу́чших стрелко́в. Одна́жды случи́лось мне це́лый ме́сяц не брать пистоле́та: мои́ бы́ли в почи́нке; что же бы вы ду́мали, ва́ше сия́тельство? В пе́рвый раз, как стал пото́м стреля́ть, я дал сря́ду четы́ре про́маха по буты́лке в двадцати́ пяти́ шага́х. У нас был ро́тмистр, остря́к, заба́вник; он тут случи́лся и сказа́л мне: знать [2]) у тебя́, брат, рука́ не поднима́ется на буты́лку. Нет, ва́ше сия́тельство, не до́лжно пренебрега́ть э́тим упражне́нием, не то отвы́кнешь как раз. [3]) Лу́чший стрело́к, кото́рого удало́сь мне встреча́ть, стреля́л ка́ждый день, по кра́йней ме́ре три ра́за перед обе́дом. Э́то у него́ бы́ло заведено́, как рю́мка во́дки». Граф и графи́ня ра́ды бы́ли, что я разговори́лся. «А како́во стреля́л он?» спроси́л меня́ граф. — «Да вот как, ва́ше сия́тельство: быва́ло увиди́т он, се́ла на́ стену му́ха: вы смеётесь, графи́ня? Ей-Бо́гу, пра́вда. Быва́ло, уви́дит му́ху и кричи́т: Ку́зька, [4]) пистоле́т! Ку́зька и несёт ему́ заря́женный пистоле́т. Он хлоп, и вда́вит му́ху в сте́ну!» — «Э́то удиви́тельно! — сказа́л граф; — а как его́ зва́ли?» — «Си́львио, ва́ше сия́тельство». — «Си́львио! — вскрича́л граф, вскочи́в со своего́ ме́ста; — вы зна́ли Си́львио?» — «Как не знать, ва́ше сия́тельство; мы бы́ли с ним прия́тели; он в на́шем полку́ при́нят был, как свой

---

[1] Би́ться об закла́д: 'make a bet.'
[2] 'It is clear that.'
[3] 'Immediately,' 'straightway.'
[4] A diminutive of Кузьма́, 'Cosmo.'

брат-товáрищ, [1]) да вот уж лет пять, как об нём не имéю никакóго извéстия. Так и вáше сия́тельство стáло быть [2]) знáли егó?» — «Знал, óчень знал. Не расскáзывал ли он вам одногó óчень стрáнного происшéствия?» — «Не пощёчина ли, вáше сия́тельство, полýченная им на бáле от какóго-то повéсы?» — «А скáзывал он вам и́мя э́того повéсы?» — «Нет, вáше сия́тельство, не скáзывал ... Ах! вáше сия́тельство, — продолжáл я, догáдываясь об и́стине, — извини́те ... я не знал ... уж не вы ли? ... » — «Я сам, — отвечáл граф, с ви́дом чрезвычáйно расстрóенным, — а простре́ленная карти́на есть пáмятник послéдней нáшей встрéчи ... » — «Ах, ми́лый мой, — сказáла графи́ня, — рáди Бóга не расскáзывай; мне стрáшно бýдет слýшать». — «Нет, — возрази́л граф, — я всё расскажý; он знáет, как я оби́дел егó дрýга: пусть же узнáет, как Си́львио мне отомсти́л». — Граф подви́нул мне крéсла, и я с живéйшим любопы́тством услы́шал слéдующий расскáз.

«Пять лет томý назáд я жени́лся. — Пéрвый мéсяц, 'the honey moon,' [3]) провёл я здесь в э́той дерéвне. Э́тому дóму обя́зан я лýчшими минýтами жи́зни, и одни́м из сáмых тяжёлых воспоминáний.

Однáжды вéчером éздили мы вмéсте верхóм; лóшадь у жены́ что-то заупря́милась; онá испугáлась, отдалá мне повóдья и пошлá пешкóм домóй; я поéхал вперёд. На дворé уви́дел я дорóжную телéгу; мне сказáли,

[1] The expression свой (наш, ваш, etc.) брат means 'people of our (your, etc.) kind,' 'people like us (you)', etc.

[2] 'Hence,' 'it follows that.'

[3] The Russian equivalent of the expression 'honeymoon,' медóвый мéсяц, which is now quite usual, was not so in Pushkin's day. Cf. what Balzac said about the same time (in 1829): 'Cette expression, *lune de miel*, est un anglicisme qui passera dans toutes les langues ...' (*Physiologie du mariage*, Méditation VII).

что у меня́ в кабине́те сиди́т челове́к, не хоте́вший объяви́ть своего́ и́мени, но сказа́вший про́сто, что ему́ до меня́ есть де́ло. Я вошёл в э́ту ко́мнату и уви́дел в темноте́ челове́ка, запылённого и обро́сшего бородо́й; он стоя́л здесь у ками́на. Я подошёл к нему́, стара́ясь припо́мнить его́ черты́: «Ты не узна́л меня́, граф?» сказа́л он дрожа́щим го́лосом. — «Си́львио!» закрича́л я, и признаю́сь, я почу́вствовал, как волоса́ [1]) ста́ли вдруг на мне ды́бом. «Так то́чно, — продолжа́л он, — вы́стрел за мно́ю, [2]) я прие́хал разряди́ть мой пистоле́т; гото́в ли ты?» Пистоле́т у него́ торча́л из боково́го карма́на. Я отме́рил двена́дцать шаго́в, и стал там в углу́, прося́ его́ вы́стрелить скоре́е, пока́ жена́ не вороти́лась. Он ме́длил — он спроси́л огня́. По́дали све́чи. — Я за́пер две́ри, не веле́л никому́ входи́ть, и сно́ва проси́л его́ вы́стрелить. Он вы́нул пистоле́т и прице́лился ... Я счита́л секу́нды ... я ду́мал о ней ... Ужа́сная прошла́ мину́та! Си́львио опусти́л ру́ку. Жале́ю, сказа́л он, что пистоле́т заря́жен не чере́шневыми ко́сточками ... пу́ля тяжела́. Мне всё ка́жется, что у нас не ду́эль а уби́йство: я не привы́к це́литься в безору́женного. [3]) Начнём сы́знова; ки́нем же́ребий, [4]) кому́ стреля́ть пе́рвому. Голова́ моя́ шла кру́гом [5]) ... Ка́жется, я не соглаша́лся

---

[1] See p. 8, n. 1.

[2] 'I owe you a pistol shot'; see p. 9, n. 2.

[3] Russian today makes a distinction between безору́жный (adjective), 'unarmed,' and обезору́женный (participle), 'disarmed'; it does not use the form безору́женный.

[4] It is not quite clear why Pushkin here has chosen the popular form of the word instead of the literary form (Slavonic) жре́бий which he employs elsewhere in the story.

[5] As an adverb, круго́м has the accent on the last syllable, except in the expression голова́ идёт (хо́дит) кру́гом, 'my head goes round.'

... Наконе́ц мы заряди́ли ещё пистоле́т; сверну́ли два биле́та; он положи́л их в фура́жку, не́когда мно́ю простре́ленную; я вы́нул опя́ть пе́рвый ну́мер. «Ты, граф, дья́вольски сча́стлив», сказа́л он с усме́шкою, кото́рой никогда́ не забу́ду. Не понима́ю, что со мно́ю бы́ло, и каки́м о́бразом мог он меня́ к тому́ прину́дить ... но — я вы́стрелил и попа́л вот в э́ту карти́ну (Граф ука́зывал па́льцем на простре́ленную карти́ну: лицо́ его́ горе́ло как ого́нь; графи́ня была́ бледне́е своего́ платка́: я не мог воздержа́ться от восклица́ния).

Я вы́стрелил, — продолжа́л граф, — и, сла́ва Бо́гу, дал про́мах; тогда́ Си́львио . . . (в э́ту мину́ту он был, пра́во, ужа́сен) Си́львио стал в меня́ прице́ливаться. Вдруг две́ри отвори́лись, Ма́ша [1]) вбега́ет и с ви́згом кида́ется мне на ше́ю. Её прису́тствие возврати́ло мне всю бо́дрость. — «Ми́лая, — сказа́л я ей — ра́зве ты не ви́дишь, что мы шу́тим? Как же ты перепуга́лась! поди́, вы́пей стака́н воды́ и приди́ к нам; я предста́влю тебе́ стари́нного дру́га и това́рища». — Ма́ше всё ещё не ве́рилось. «Скажи́те, пра́вду ли муж говори́т? — сказа́ла она́, обраща́ясь к гро́зному Си́львио; — пра́вда ли, что вы о́ба шу́тите?» — «Он всегда́ шу́тит, графи́ня, — отвеча́л ей Си́львио; — одна́жды дал он мне шутя́ пощёчину, шутя́ прострели́л мне вот э́ту фура́жку, шутя́ дал сейча́с по мне про́мах; тепе́рь и мне пришла́ охо́та пошути́ть ... » С э́тим сло́вом он хоте́л в меня́ прице́литься ... при ней! Ма́ша бро́силась к его́ нога́м. — Встань, Ма́ша, сты́дно! закрича́л я в бе́шенстве; — а вы, су́дарь, переста́нете ли издева́ться над бе́дной же́нщиной? Бу́дете ли вы стреля́ть, и́ли нет? — «Не бу́ду, — отвеча́л Си́львио, — я дово́лен: я

[1] A diminutive of Ма́рья, 'Mary.'

ви́дел твоё смяте́ние, твою́ ро́бость; я заста́вил тебя́ вы́стрелить по мне, с меня́ дово́льно. Бу́дешь меня́ по́мнить. Предаю́ тебя́ твое́й со́вести». Тут он бы́ло вы́шел, но останови́лся в дверя́х, огляну́лся на простре́ленную мно́ю карти́ну, вы́стрелил в неё, почти́ не це́лясь, и скры́лся. Жена́ лежа́ла в о́бмороке; лю́ди не сме́ли его́ останови́ть и с у́жасом на него́ гляде́ли; он вы́шел на крыльцо́, кли́кнул ямщика́ и уе́хал, пре́жде чем успе́л я опо́мниться».

Граф замолча́л. Таки́м о́бразом узна́л я коне́ц по́вести, ко́ей нача́ло не́когда так порази́ло меня́. С геро́ем о́ной уже́ я не ветреча́лся. Ска́зывают, что Си́львио, во вре́мя возмуще́ния Алекса́ндра Ипсила́нти, предводи́тельствовал отря́дом этери́стов и был уби́т в сраже́нии под Скуля́нами. [1])

---

[1] Alexander Ypsilanti, or Ipsilanti (1792-1828), born of a family of Phanariotes established in Moldavia and claiming to be descended from the Comneni, was a major-general in the Russian army. President in the principalities of Moldavia and Wallachia of the Philiké Hetaerea (a revolutionary organization fighting for the independence of Greece), he attempted, in March 1821, an unsuccessful rising against the Turks. The fierce battle of Skuliany, on the Prut, where, on 29th June, 1821, seven hundred members of the Hetaerea faced 15,000 Turks, was its final episode. Pushkin, who had met Ypsilanti at Kishinev in 1820, mentions him several times in his correspondence, as well as in his literary works. He has also described the battle of Skuliany at the beginning of his story Ки́рджали (1834).

МЕТЕ́ЛЬ

Ко́ни мча́тся по бугра́м,
То́пчут снег глубо́кий . . .
Вот, в сторо́нке Бо́жий храм
Ви́ден одино́кий.
. . . .
Вдруг мете́лица круго́м;
Снег вали́т клока́ми;
Чёрный вран,[1]) свистя́ крыло́м,
Вьётся над саня́ми;
Ве́щий стон гласи́т печа́ль!
Ко́ни торопли́вы [2])
Чу́тко смо́трят в тёмну [2]) даль,
Воздыма́я [3]) гри́вы . . .

Жуко́вский. [4])

---

[1] Slavonic form of во́рон, 'raven.'

[2] The short forms of adjectives, fairly frequent in the poetry of the eighteenth and the beginning of the nineteenth century, are not allowed in modern Russian, where торопли́вые and тёмную would have been used.

[3] Today it would more probably be вздыма́я.

[4] V. A. Zhukovski (1783-1852), a poet of the pre-romantic and 'sentimental' period of Russian literature. Pushkin owes him a great deal in his early literary compositions. The quotation is taken from the poem Светла́на.

В конце́ 1811 го́да, в эпо́ху нам достопа́мятную, жил в своём поме́стье Ненара́дове[1] до́брый Гаври́ла[2] Гаври́лович Р**. Он сла́вился во всём о́круге гостеприи́мством и раду́шием; сосе́ды[3] помину́тно е́здили к нему́ пое́сть, попи́ть, поигра́ть по пяти́ копе́ек в босто́н[4] с его́ жено́ю, а не́которые для того́, чтоб погляде́ть на до́чку их, Ма́рью Гаври́ловну, стро́йную, бле́дную и семнадцатиле́тнюю деви́цу. Она́ счита́лась бога́той неве́стою, и мно́гие про́чили её за себя́ и́ли за сынове́й.

Ма́рья Гаври́ловна была́ воспи́тана на францу́зских рома́нах и сле́дственно была́ влюблена́. Предме́т, и́збранный е́ю, был бе́дный арме́йский пра́порщик,[5] находи́вшийся в отпуску́ в свое́й дере́вне. Само́ по себе́ разуме́ется, что молодо́й челове́к пыла́л ра́вною стра́стию, и что роди́тели его́ любе́зной, заме́тя их взаи́мную скло́нность, запрети́ли до́чери о нём и ду́мать, а его́ принима́ли ху́же, не́жели отставно́го заседа́теля.[6]

На́ши любо́вники бы́ли в перепи́ске и вся́кий день вида́лись наедине́ в сосно́вой ро́ще и́ли у ста́рой часо́вни. Там они́ кляли́сь друг дру́гу в ве́чной любви́, се́товали на судьбу́ и де́лали разли́чные предположе́ния. Переписываясь и разгова́ривая таки́м о́бразом, они́ (что весьма́ есте́ственно) дошли́ до сле́дующего

---

[1] See p. 8, n. 3.

[2] Familiar form of the name Гаврии́л, 'Gabriel.'

[3] See p. 20, n. 1.

[4] An old drawing-room card game.

[5] In Pushkin's time, an officer of the lowest rank; for the word арме́йский, see p. 9, n. 4.

[6] 'District court assessor,' an official elected by the people to represent them in different State institutions, especially courts of law, before the reforms of the 'sixties. A заседа́тель was a quite unimportant person, and even more so if no longer in office.

рассужде́ния: е́сли мы друг без дру́га дыша́ть не мо́жем, а во́ля жесто́ких роди́телей препя́тствует на́шему благополу́чию, то нельзя́ ли нам бу́дет обойти́сь без неё? Разуме́ется, что э́та счастли́вая мысль пришла́ сперва́ в го́лову молодо́му челове́ку, и что она́ весьма́ понра́вилась романи́ческому воображе́нию Ма́рьи Гаври́ловны.

Наступи́ла зима́ и прекрати́ла их свида́ния; но перепи́ска сде́лалась тем живе́е. Влади́мир Никола́евич в ка́ждом письме́ умоля́л её преда́ться ему́, венча́ться та́йно, скрыва́ться не́сколько вре́мени, бро́ситься пото́м к нога́м роди́телей, кото́рые, коне́чно, бу́дут тро́нуты наконе́ц герои́ческим постоя́нством и несча́стием любо́вников и ска́жут им непреме́нно: «Де́ти! приди́те в на́ши объя́тия».

Ма́рья Гаври́ловна до́лго колеба́лась; мно́жество пла́нов побе́га бы́ло отве́ргнуто. Наконе́ц она́ согласи́лась: в назна́ченный день она́ должна́ была́ не у́жинать, удали́ться в свою́ ко́мнату под предло́гом головно́й бо́ли. Де́вушка [1]) её была́ в за́говоре; о́бе они́ должны́ бы́ли вы́йти в сад через за́днее крыльцо́, за са́дом найти́ гото́вые са́ни, сади́ться в них и е́хать за́ пять вёрст от Ненара́дова в село́ Жа́дрино, пря́мо в це́рковь, где уж Влади́мир до́лжен был их ожида́ть.

Накану́не реши́тельного дня Ма́рья Гаври́ловна не спала́ всю ночь; она укла́дывалась, увя́зывала бельё и пла́тье, написа́ла дли́нное письмо́ к одно́й чувстви́тельной ба́рышне, её подру́ге, друго́е к свои́м роди́телям. Она́ проща́лась с ни́ми в са́мых тро́гательных выраже́ниях, извиня́ла свой просту́пок

---

[1] In the time of serfdom, a lady's maid who was a serf was generally called де́вушка, omitting the qualifying adjective дворо́вая (see p. 20, n. 2); just as a manservant was simply called челове́к, omitting the adjective дворо́вый.

неодоли́мою си́лою стра́сти и ока́нчивала тем, что блаже́ннейшею мину́тою жи́зни почтёт она́ ту, когда́ позво́лено бу́дет ей бро́ситься к нога́м дража́йших [1]) её роди́телей. Запеча́тав о́ба письма́ ту́льской [2]) печа́ткой, на кото́рой изображены́ бы́ли два пыла́ющие се́рдца с прили́чною на́дписью, она́ бро́силась на посте́ль перед са́мым рассве́том и задрема́ла; но и тут ужа́сные мечта́ния помину́тно её пробужда́ли. То каза́лось ей, что в са́мую мину́ту, как она́ сади́лась в са́ни, чтоб е́хать венча́ться, оте́ц её остана́вливал её, с мучи́тельной быстрото́й тащи́л её по сне́гу и бро́сал в тёмное, бездо́нное подземе́лье ... и она́ лете́ла стремгла́в с неизъясни́мым замира́нием се́рдца; то ви́дела она́ Влади́мира, лежа́щего на траве́, бле́дного, окрова́вленного. Он, умира́я, моли́л её пронзи́тельным го́лосом поспеши́ть с ним обвенча́ться ... други́е безобра́зные, бессмы́сленные виде́ния несли́сь перед не́ю одно́ за други́м. Наконе́ц она́ вста́ла, бледне́е обыкнове́нного и с непритво́рной головно́ю бо́лью. Оте́ц и мать заме́тили её беспоко́йство; их не́жная забо́тливость и беспреста́нные вопро́сы: что с тобо́ю Ма́ша? [3]) не больна́ ли ты, Ма́ша? раздира́ли её се́рдце. Она́ стара́лась их успоко́ить, каза́ться весёлою, и не могла́. Наступи́л ве́чер. Мысль, что уже́ в после́дний раз провожа́ет она́ день посреди́ своего́ семе́йства, стесня́ла её се́рдце. Она́ была́ чуть жива́; она́ вта́йне проща́лась со все́ми осо́бами, со все́ми предме́тами, её окружа́вшими. По́дали у́жинать; се́рдце её си́льно заби́лось. Дрожа́щим го́лосом объяви́ла она́, что ей у́жинать не хо́чется, и ста́ла проща́ться

---

[1] Superlative of дорого́й, 'dear'; a Slavonic and archaic form.

[2] So called because of the town of Tula, famous for its metal-work.

[3] See p. 25, n. 1.

с отцо́м и ма́терью. Они́ её поцелова́ли и, по обыкнове́нию, благослови́ли: она́ чуть не запла́кала. Прише́д [1]) в свою́ ко́мнату, она́ ки́нулась в кре́сла [2]) и залила́сь слеза́ми. Де́вушка угова́ривала её успоко́иться и ободри́ться. Всё бы́ло гото́во. Через полчаса́ Ма́ша должна́ была́ навсегда́ оста́вить роди́тельский дом, свою́ ко́мнату, ти́хую деви́ческую жизнь ... На дворе́ была́ мете́ль; ве́тер выл, ста́вни трясли́ся и стуча́ли; всё каза́лось ей угро́зой и печа́льным предзнаменова́нием. Ско́ро в до́ме всё ути́хло и засну́ло. Ма́ша оку́талась ша́лью, наде́ла тёплый капо́т, [3]) взяла́ в ру́ки шкату́лку свою́ и вы́шла на за́днее крыльцо́. Служа́нка несла́ за не́ю два узла́. Они́ сошли́ в сад. Мете́ль не утиха́ла; ве́тер дул навстре́чу, как бу́дто си́лясь останови́ть молоду́ю престу́пницу. Они́ наси́лу дошли́ до конца́ са́да. На доро́ге са́ни дожида́лись их. Ло́шади, прозя́бнув, не стоя́ли на ме́сте; ку́чер Влади́мира расха́живал перед огло́блями, уде́рживая рети́вых. [4]) Он помо́г ба́рышне и её де́вушке усе́сться и уложи́ть узлы́ и шкату́лку, взял во́зжи, и ло́шади полете́ли. Поручи́в ба́рышню попече́нию судьбы́ и иску́сству Терёшки [5]) ку́чера, обрати́мся к молодо́му на́шему любо́внику.

---

[1] Old past gerund of прийти́, habitually used in literary language at the time of Pushkin, as were the corresponding gerunds of other compounds of итти́: наше́д (from найти́), отоше́д (from отойти́), etc. Today these forms are replaced by прийдя́, найдя́, отойдя́, etc., and sometimes, but less frequently and with a slightly popular tinge, by прише́дши, наше́дши, отоше́дши, etc.

[2] Today the singular is used: nom. кре́сло, gen. кре́сла, etc.

[3] Here used in the old-fashioned meaning, i.e. 'a long sleeveless coat' which women wore for going out. In modern Russian the word means a woman's dressing-gown.

[4] лошаде́й is implied.

[5] Diminutive of Тере́нтий, 'Terence.'

Це́лый день Влади́мир был в разъе́зде. У́тром был он у жа́дринского свяще́нника; наси́лу с ним уговори́лся; пото́м пое́хал иска́ть свиде́телей между сосе́дними поме́щиками. Пе́рвый, к кому́ яви́лся он, отставно́й сорокале́тний корне́т [1]) Дра́вин, согласи́лся с охо́тою. Э́то приключе́ние, уверя́л он, напомина́ло ему́ пре́жнее вре́мя и гуса́рские прока́зы. Он уговори́л Влади́мира оста́ться у него́ отобе́дать и уве́рил его́, что за други́ми двумя́ свиде́телями де́ло не ста́нет. [2]) В са́мом де́ле, тотча́с по́сле обе́да яви́лись землеме́р Шмит в уса́х и шпо́рах и сын капита́н-испра́вника, [3]) ма́льчик лет шестна́дцати, неда́вно поступи́вший в ула́ны. Они́ не то́лько при́няли предложе́ние Влади́мира, по да́же кляли́сь ему́ в гото́вности же́ртвовать для него́ жи́знию. Влади́мир о́бнял их с восто́ргом и пое́хал домо́й приготовля́ться.

Уже́ давно́ смерка́лось. Он отпра́вил своего́ надёжного Терёшку в Ненара́дово с свое́ю тро́йкою и с подро́бным, обстоя́тельным нака́зом, а для себя́ веле́л заложи́ть ма́ленькие са́ни в одну́ ло́шадь, и оди́н без ку́чера отпра́вился в Жа́дрино, куда́ часа́ через два должна́ была́ прие́хать и Ма́рья Гаври́ловна. Доро́га была́ ему́ знако́ма, а езды́ всего́ два́дцать мину́т.

Но едва́ Влади́мир вы́ехал за око́лицу в по́ле, как подня́лся ве́тер и сде́лалась така́я мете́ль, что он ничего́ не взви́дел. В одну́ мину́ту доро́гу занесло́; окре́стность исчё́зла во мгле му́тной и желтова́той, сквозь кото́рую лете́ли бе́лые хло́пья сне́гу; не́бо

---

[1] The first rank in the Russian cavalry; in the time of Pushkin it corresponded to the rank of пра́порщик in the infantry.

[2] 'We shall easily find two other witnesses'; за N. (instr.) де́ло не ста́нет: 'N. will not keep us waiting,' 'it will not depend on N. whether ...'

[3] In old times the head of the police in the district (уе́зд).

сли́лось с землёю; Влади́мир очути́лся в по́ле и напра́сно хоте́л сно́ва попа́сть на доро́гу; ло́шадь ступа́ла науда́чу и помину́тно то взъезжа́ла на сугро́б, то прова́ливалась в я́му; са́ни помину́тно опроки́дывались. — Влади́мир стара́лся то́лько не потеря́ть настоя́щего направле́ния. Но ему́ каза́лось, что уже́ прошло́ бо́лее получа́са, а он не доезжа́л ещё до жа́дринской ро́щи. Прошло́ ещё о́коло десяти́ мину́т; ро́щи всё бы́ло не вида́ть. Влади́мир е́хал по́лем, пересечённым глубо́кими овра́гами. Мете́ль не утиха́ла, не́бо не проясня́лось. Ло́шадь начина́ла устава́ть, а с него́ пот кати́лся гра́дом, несмотря́ на то, что он помину́тно был по по́яс в снегу́.

Наконе́ц он уви́дел, что е́дет не в ту сто́рону. Влади́мир останови́лся: на́чал ду́мать, припомина́ть, сообража́ть, и уве́рился, что до́лжно бы́ло взять ему́ впра́во. Он пое́хал впра́во. Ло́шадь его́ чуть ступа́ла. Уже́ бо́лее ча́са был он в доро́ге. Жа́дрино должно́ бы́ло быть недалеко́. Но он е́хал, е́хал, а по́лю не́ было конца́. Всё сугро́бы да овра́ги; помину́тно са́ни опроки́дывались, помину́тно он их поднима́л. Вре́мя шло; Влади́мир начина́л си́льно беспоко́иться.

Наконе́ц в стороне́ что-то ста́ло черне́ть. Влади́мир повороти́л туда́. Приближа́ясь, уви́дел он ро́щу. Сла́ва Бо́гу, поду́мал он, тепе́рь бли́зко. Он пое́хал о́коло ро́щи, наде́ясь тотча́с попа́сть на знако́мую доро́гу и́ли объе́хать ро́щу круго́м: Жа́дрино находи́лось тотча́с за не́ю. Ско́ро нашёл он доро́гу и въе́хал во мрак дере́в, [1]) обнажённых зимо́ю. Ве́тер не мог тут свире́пствовать; доро́га была́ гла́дкая; ло́шадь ободри́лась и Влади́мир успоко́ился.

Но он е́хал, е́хал, а Жа́дрина бы́ло не вида́ть; ро́ще

[1] The plural дерева́, gen. дере́в, etc., is no longer used except in poetry, the ordinary plural being дере́вья, gen. дере́вьев, etc.

не́ было конца́. Влади́мир с у́жасом уви́дел, что он зае́хал в незнако́мый лес. Отча́яние овладе́ло им. Он уда́рил по ло́шади; бе́дное живо́тное пошло́ бы́ло ры́сью, но ско́ро ста́ло пристава́ть и через че́тверть часа́ пошло́ ша́гом, несмотря́ на все уси́лия несча́стного Влади́мира.

Ма́ло-по-ма́лу дере́вья на́чали реде́ть, и Влади́мир вы́ехал и́з лесу; Жа́дрина бы́ло не вида́ть. Должно́ бы́ло быть о́коло полу́ночи. Слёзы бры́знули из глаз его́; он пое́хал науда́чу. Пого́да ути́хла, ту́чи расходи́лись, перед ним лежа́ла равни́на, у́стланная бе́лым волни́стым ковро́м. Ночь была́ дово́льно ясна́. Он уви́дел невдалеке́ дереву́шку, состоя́щую из четырёх и́ли пяти́ дворо́в. Влади́мир пое́хал к ней. У пе́рвой избу́шки он вы́прыгнул из сане́й, подбежа́л к окну́ и стал стуча́ться. Через не́сколько мину́т деревя́нный ста́вень подня́лся́, и стари́к вы́сунул свою́ седу́ю бо́роду. «Что те [1]) на́до?» — «Далеко́ ли Жа́дрино?» — «Жа́дрино-то далеко́ ли?» — «Да, да! Далеко́ ли?» — «Недале́че, [2]) вёрст [3]) деся́ток бу́дет». При сем отве́те Влади́мир схвати́л себя́ за́ волосы и оста́лся недвижи́м, как челове́к, приговорённый к сме́рти.

«А отко́ле [4]) ты?» продолжа́л стари́к. Влади́мир не име́л ду́ха отвеча́ть на вопро́сы «Мо́жешь ли ты, стари́к, — сказа́л он, — доста́ть мне лошаде́й до Жа́дрина?» — «Каки́ [5]) у нас ло́шади», отвеча́л мужи́к. — «Да не могу́ ли взять хоть проводника́? Я заплачу́, ско́лько

---

[1] Enclitic form of the dative тебе́, which has remained only in the language of the people; Pushkin's peasant uses it equally for the accus. тебя́.

[2] A popular form for недалеко́.

[3] Верста́: a measure of length of the old Russian system, equal to 0·66 mile.

[4] A popular form for отку́да.

[5] Popular form for каки́е.

ему́ бу́дет уго́дно». — «Посто́й, — сказа́л стари́к, опуска́я ста́вень, — я те сы́на вы́шлю; он те прово́дит». Влади́мир стал дожида́ться. Не прошло́ мину́ты, он опя́ть на́чал стуча́ться. Ста́вень подня́лся́, борода́ показа́лась. «Что те на́до?» — «Что ж твой сын?» — «Сейча́с вы́йдет, обува́ется. А́ли [1]) ты прозя́б? взойди́ [2]) погре́ться». — «Благодарю́, высыла́й скоре́е сы́на».

Воро́та заскрыпе́ли; [3]) па́рень вы́шел с дуби́ною и пошёл вперёд, то ука́зывая, то оты́скивая доро́гу, занесённую снеговы́ми сугро́бами. «Кото́рый час?» спроси́л его́ Влади́мир. «Да уж ско́ро рассвенёт», [4]) отвеча́л молодо́й мужи́к. Влади́мир не говори́л уже́ ни сло́ва.

Пе́ли петухи́ и бы́ло уже́ светло́, как дости́гли они́ Жа́дрина. Це́рковь была́ заперта́. Влади́мир заплати́л проводнику́ и пое́хал на двор к свяще́ннику. На дворе́ тро́йки его́ не́ было. Како́е изве́стие ожида́ло его́!

Но возврати́мся к до́брым ненара́довским поме́щикам и посмо́трим, что́-то у них де́лается.

А ничего́.

Старики́ просну́лись и вы́шли в гости́ную, Гаври́ла Гаври́лович в колпаке́ и ба́йковой ку́ртке, Праско́вья Петро́вна в шла́фроке [5]) на ва́те. По́дали самова́р, и Гаври́ла Гаври́лович посла́л девчо́нку [6]) узна́ть от

---

[1] Popular form for и́ли.

[2] Popular form for войди́. In the speech of uneducated people the verbs войти́ 'to come in' and взойти́ 'to go up' are constantly used indiscriminately.

[3] Today one would rather say заскрипе́ли. As the palatalization of the *r* is less distinct than that of the other consonants, the syllables ры and ри tend to get mixed in the spoken language, especially in that of Pushkin.

[4] Popular form for рассветёт.

[5] 'Dressing-gown'; today one would say капо́т or хала́т.

[6] Here, a young servant girl who was employed for running errands and for all kinds of light work (see p. 29, n. 1).

Ма́рьи Гаври́ловны, каково́ её здоро́вье и как она́ почива́ла. Девчо́нка вороти́лась, объявля́я, что ба́рышня почива́ла-де [1]) ду́рно, но что ей-де тепе́рь ле́гче, и что она́-де сейча́с придёт в гости́ную. В са́мом де́ле, дверь отвори́лась, и Ма́рья Гаври́ловна подошла́ здоро́ваться с па́пенькой и с ма́менькой.

«Что твоя́ голова́, Ма́ша?» спроси́л Гаври́ла Гаври́лович. — «Лу́чше, па́пенька», отвеча́ла Ма́ша. — «Ты ве́рно, Ма́ша, вчера́сь [2]) угоре́ла», сказа́ла Праско́вья Петро́вна. — «Мо́жет быть, ма́менька», отвеча́ла Ма́ша.

День прошёл благополу́чно, но в ночь Ма́ша занемогла́. Посла́ли в го́род за ле́карем. Он прие́хал к ве́черу и нашёл больну́ю в бреду́. Откры́лась си́льная горя́чка, и бе́дная больна́я две неде́ли находи́лась у кра́я гро́ба.

Никто́ в до́ме не знал о предполо́женном побе́ге. Пи́сьма, накану́не е́ю напи́санные, бы́ли сожжены́; её го́рничная никому́ ни о чём не говори́ла, опаса́ясь гне́ва госпо́д. Свяще́нник, отставно́й корне́т, уса́стый землеме́р и ма́ленький ула́н бы́ли скромны́, и не да́ром. Терёшка ку́чер никогда́ ничего́ ли́шнего не выска́зывал, да́же и в хмелю́. Таки́м о́бразом та́йна была́ сохранена́ бо́лее чем полудю́жиною загово́рщиков. Но Ма́рья Гаври́ловна сама́, в беспреста́нном бреду́, выска́зывала свою́ та́йну. Одна́ко ж её слова́ бы́ли столь несообра́зны ни с чем, что мать, не отходи́вшая от её посте́ли, могла́ поня́ть из них то́лько то, что дочь её была́ смерте́льно влюблена́ во Влади́мира Никола́евича, и что вероя́тно любо́вь была́ причи́ною её боле́зни. Она́ сове́товалась со свои́м му́жем, с

---

[1] A particle indicating that somebody else's words are quoted.

[2] A popular form of speech for вчера́.

не́которыми сосе́дами, и наконе́ц единогла́сно все реши́ли, что ви́дно такова́ была́ судьба́ Ма́рьи Гаври́ловны, что су́женого конём не объе́дешь, что бе́дность не поро́к, что жить не с бога́тством, а с челове́ком, [1]) и тому́ подо́бное. Нра́вственные погово́рки быва́ют удиви́тельно поле́зны в тех слу́чаях, когда́ мы от себя́ ма́ло что мо́жем вы́думать себе́ в оправда́ние.

Между тем ба́рышня ста́ла выздора́вливать. Влади́мира давно́ не ви́дно бы́ло в до́ме Гаври́лы Гаври́ловича. Он был напу́ган обыкнове́нным приёмом. [2]) Положи́ли посла́ть за ним и объяви́ть ему́ неожи́данное сча́стие: согла́сие на брак. Но каково́ бы́ло изумле́ние ненара́довских поме́щиков, когда́ в отве́т на их приглаше́ние получи́ли они́ от него́ полусумасше́дшее письмо́! Он объявля́л им, что нога́ его́ не бу́дет никогда́ в их до́ме, и проси́л забы́ть о несча́стном, для кото́рого смерть остаётся еди́ною наде́ждою. Через не́сколько дней узна́ли они́, что Влади́мир уе́хал в а́рмию. Это бы́ло в 1812 году́.

До́лго не сме́ли объяви́ть об э́том выздора́вливающей Ма́ше. Она́ никогда́ не упомина́ла о Влади́мире. Не́сколько ме́сяцев уже́ спустя́, наше́д [3]) и́мя его́ в числе́ отличи́вшихся и тяжело́ ра́неных под Бородины́м, [4]) она́ упа́ла в о́бморок, и боя́лись, чтоб горя́чка её не возврати́лась. Одна́ко, сла́ва Бо́гу, о́бморок не име́л после́дствий.

Друга́я печа́ль её посети́ла: Гаври́ла Гаври́лович сконча́лся, оста́вя её насле́дницей всего́ име́ния. Но

---

[1] Three Russian popular sayings; су́женый is the man destined to be the girl's husband, her betrothed.

[2] Obviously the opinion of Maria Gavrilovna's parents and not that of the author himself.

[3] See p. 31, n. 1.

[4] The battle of Borodino was fought on 7th September, 1812 (according to the Russian calendar, 26th August).

наслéдство не утешáло её; онá разделя́ла и́скренно гóресть бéдной Праскóвьи Петрóвны, клялáсь никогдá с нéю не расставáться; óбе онú остáвили Ненарáдово, мéсто печáльных воспоминáний, и поéхали жить в ***ское помéстье.

Женихú кружúлись и тут óколо мúлой и богáтой невéсты; но онá никомý не подавáла и малéйшей надéжды. Мать иногдá уговáривала её вы́брать себé дрýга; Мáрья Гаврúловна качáла головóй и задýмывалась. Владúмир ужé не существовáл: он ýмер в Москвé, накан ýне вступлéния францýзов. Пáмять егó казáлась свящéнною для Мáши; по крáйней мéре онá береглá всё, что моглó егó напóмнить: кнúги, им нéкогда прочúтанные, егó рисýнки, нóты и стихú, им переписанные для неё. Соcéды, узнáв обо всём, дивúлись её постоя́нству и с любопы́тством ожидáли герóя, долженствовáвшего наконéц восторжествовáть над печáльной вéрностию э́той дéвственной Артемúзы. [1])

Между тем войнá со слáвою былá кóнчена. Полкú нáши возвращáлись из-за гранúцы. Нарóд бежáл им навстрéчу. Мýзыка игрáла завоёванные пéсни: «Vive Henri-Quatre», [2]) тирóльские вáльсы и áрии из «Жокóнда». [3]) Офицéры, ушéдшие в похóд почтú

---

[1] Artemisia II (fourth century B.C.), queen of Halicarnassus in Asia Minor, who erected in memory of her husband Mausolus a magnificent monument therefore called 'Mausoleum,' which was considered one of the seven wonders of the world.

[2] Couplets from the historical comedy *La partie de chasse de Henri IV* (Act III, Sc. 2) by Charles Collé (1709-1783), very popular at the beginning of the nineteenth century. L. Tolstoy in *War and Peace* makes the soldiers of Napoleon's Army sing them (Book XV, Ch. IX, The World's Classics, Oxford University Press).

[3] *Joconde*, a comic opera by Niccolò de Malte, i.e. Niccolò

отроками, возвраща́лись, возмужа́в на бра́нном во́здухе, обве́шанные креста́ми. Солда́ты ве́село разгова́ривали между собо́ю, вме́шивая помину́тно в речь неме́цкие и францу́зские слова́. Вре́мя незабве́нное! Вре́мя сла́вы и восто́рга! Как си́льно би́лось ру́сское се́рдце при сло́ве Оте́чество! Как сла́дки бы́ли слёзы свида́ния! С каки́м единоду́шием мы соединя́ли чу́вства наро́дной го́рдости и любви́ к госуда́рю! А для него́, кака́я была́ мину́та!

Же́нщины, ру́сские же́нщины бы́ли тогда́ бесподо́бны. Обыкнове́нная хо́лодность их исче́зла. Восто́рг их был и́стинно упо́ителен, когда́, встреча́я победи́телей, крича́ли они́: *ура́*!

И в во́здух че́пчики броса́ли. [1])

Кто из тогда́шних офице́ров не созна́ется, что ру́сской же́нщине обя́зан он был лу́чшей, драгоце́ннейшей награ́дой? ...

В э́то блиста́тельное вре́мя Ма́рья Гаври́ловна жила́ с ма́терью в *** губе́рнии и не вида́ла, как о́бе столи́цы пра́здновали возвра́щение войск. Но в уе́здах и деревня́х о́бщий восто́рг, мо́жет быть, был ещё сильне́е. Появле́ние в сих места́х офице́ра бы́ло для него́ настоя́щим торжество́м, и любо́внику во фра́ке пло́хо бы́ло в его́ сосе́дстве.

Мы уже́ ска́зывали, что, несмотря́ на её хо́лодность, Ма́рья Гаври́ловна всё попре́жнему окружена́ была́

Isouard, an Italian-French composer (1775-1818), rival of Boieldieu. Written in 1814, this opera was a great success, especially at the time when the Russian Army occupied Paris.

[1] A line taken from A. Griboedov's comedy Го́ре от ума́, (Act II, Sc. 5):

Крича́ли же́нщины: ура́!
И в во́здух че́пчики броса́ли.

иска́телями. Но все должны́ бы́ли отступи́ть, когда́ яви́лся в её за́мке [1]) ра́неный гуса́рский полко́вник Бурми́н, с Гео́ргием [2]) в петли́це и с *интере́сной блéдностию*, как говори́ли та́мошние ба́рышни. Ему́ бы́ло о́коло двадцати́ шести́ лет. Он прие́хал в о́тпуск в свои́ поме́стья, находи́вшиеся по сосе́дству дере́вни Ма́рьи Гаври́ловны. Ма́рья Гаври́ловна о́чень его́ отлича́ла. При нём обыкнове́нная заду́мчивость её оживля́лась. Нельзя́ бы́ло сказа́ть, чтоб она́ с ним коке́тничала; но поэ́т, заме́тя её поведе́ние, сказа́л бы:

Se amor non è, che dunche ... [3])

Бурми́н был, в са́мом де́ле, о́чень ми́лый молодо́й челове́к. Он име́л и́менно тот ум, кото́рый нра́вится же́нщинам: ум прили́чия и наблюде́ния, безо вся́ких притяза́ний и беспе́чно насме́шливый. Поведе́ние его́ с Ма́рьей Гаври́ловной бы́ло про́сто и свобо́дно; но что б она́ ни сказа́ла и́ли ни сде́лала, ду́ша и взо́ры его́ так за не́ю и сле́довали. Он каза́лся нра́ва ти́хого и скро́много, но молва́ уверя́ла, что не́когда был он ужа́сным пове́сою, и э́то не вреди́ло ему́ во мне́нии Ма́рьи Гаври́ловны, кото́рая (как и все молоды́е да́мы вообще́) с удово́льствием извиня́ла ша́лости, обнару́живающие сме́лость и пы́лкость хара́ктера.

---

[1] Pushkin sometimes uses this word to indicate a Russian country mansion, but за́мок is generally applied in Russian only to a foreign type of castle, and more especially to a feudal castle.

[2] The St. George's Cross of the IVth class, a military decoration, worn in the buttonhole. It was awarded for deeds of exceptional bravery.

[3] The first half of the initial line of Petrarch's sonnet: 'S'amor non è, che dunque è quel ch'io sento?' ('Be it not love, what then is what I feel?') (cxxxii of the *Rime, In vita di Madonna Laura*. Ed. G. Carducci and S. Ferrari; G. C. Sansoni, Florence). Pushkin had made a mistake in spelling the word *dunque*.

Но бóлее всегó . . . (бóлее егó нéжности, бóлее прия́тного разговóра, бóлее интерéсной блéдности, бóлее перевя́занной руки́) молчáние молодóго гусáра бóлее всегó подстрекáло её любопы́тство и воображéние. Онá не моглá не сознавáться в том, что онá óчень емý нрáвилась; вероя́тно и он, с свои́м умóм и óпытностью, мог ужé замéтить, что онá отличáла егó: каки́м же óбразом до сих пор не видáла онá егó у свои́х ног и ещё не слыхáла егó признáния? Что удéрживало егó? рóбость, гóрдость или кокéтство хи́трого волоки́ты? Э́то бы́ло для неё загáдкою. Подýмав хорошéнько, онá реши́ла, что рóбость былá еди́нственно томý причи́ною, и положи́ла ободри́ть егó бóльшею внимáтельностию и, смотря́ по обстоя́тельствам, дáже нéжностию. Онá приуготовля́ла развя́зку сáмую неожи́данную и с нетерпéнием ожидáла минýты романи́ческого объяснéния. Тáйна, какóго рóду ни́ была бы, всегдá тя́гостна жéнскому сéрдцу. Её воéнные дéйствия имéли желáемый успéх: по крáйней мéре, Бурми́н впал в такýю задýмчивость, и чёрные глазá егó с таки́м огнём останáвливались на Мáрье Гаври́ловне, что реши́тельная минýта, казáлось, ужé близкá. Сосéды говори́ли о свáдьбе, как о дéле ужé кóнченном, а дóбрая Праскóвья Петрóвна рáдовалась, что дочь её наконéц нашлá себé достóйного жениха́.

Старýшка сидéла однáжды однá в гости́ной, расклáдывая гран-пасья́нс, как Бурми́н вошёл в кóмнату и тотчáс освéдомился о Мáрье Гаври́ловне. «Онá в садý, — отвечáла старýшка; — подите к ней, а я вас бýду здесь ожидáть». Бурми́н пошёл, а старýшка перекрести́лась и подýмала: авóсь дéло сегóдня же кóнчится!

Бурми́н нашёл Мáрью Гаври́ловну у прудá, под и́вою, с кни́гою в рукáх и в бéлом плáтье, настоя́щей герои́нею рома́на. По́сле пе́рвых вопро́сов, Ма́рья Гаври́ловна наро́чно переста́ла подде́рживать разгово́р, уси́ливая таки́м о́бразом взаи́мное замеша́тельство, от кото́рого мо́жно бы́ло изба́виться ра́зве то́лько внеза́пным и реши́тельным объясне́нием. Так и случи́лось: Бурми́н, чу́вствуя затрудни́тельность своего́ положе́ния, объяви́л, что иска́л давно́ слу́чая откры́ть ей своё се́рдце, и потре́бовал мину́ты внима́ния. Ма́рья Гаври́ловна закры́ла кни́гу и поту́пила глаза́ в знак согла́сия.

«Я вас люблю́, — сказа́л Бурми́н, — я вас люблю́ стра́стно ...» (Ма́рья Гаври́ловна покрасне́ла и наклони́ла го́лову ещё ни́же). «Я поступи́л неосторо́жно, предава́ясь ми́лой привы́чке, привы́чке ви́деть и слы́шать вас ежедне́вно ...» (Ма́рья Гаври́ловна вспо́мнила пе́рвое письмо́ Saint-Preux.) [1]) «Тепе́рь уже́ по́здно проти́виться судьбе́ мое́й; воспомина́ние об вас, ваш ми́лый, несравне́нный о́браз отны́не бу́дет муче́нием и отра́дою жи́зни мое́й; но мне ещё остаётся испо́лнить тяжёлую обя́занность, откры́ть вам ужа́сную та́йну и положи́ть ме́жду на́ми непреодоли́мую прегра́ду ...» — «Она́ всегда́ существова́ла, — прервала́ с жи́востию Ма́рья Гаври́ловна, — я никогда́ не могла́ быть ва́шею жено́ю ...» — «Зна́ю, — отвеча́л он ей ти́хо, — зна́ю, что не́когда вы люби́ли, но смерть и три го́да се́тований ... До́брая, ми́лая Ма́рья Гаври́ловна! не стара́йтесь лиши́ть меня́ после́днего утеше́ния: мысль, что вы бы согласи́лись сде́лать моё сча́стие, е́сли бы ... молчи́те, ра́ди Бо́га, молчи́те. Вы терза́ете меня́. Да, я зна́ю, я чу́вствую, что вы бы́ли бы мое́ю, но — я несча́стнейшее созда́ние ... я жена́т!»

Ма́рья Гаври́ловна взгляну́ла на него́ с удивле́нием.

---

[1] More exactly the first line of Rousseau's *Julie ou la Nouvelle Héloïse*.

«Я жена́т, — продолжа́л Бурми́н; — я жена́т уже́ четвёртый год и не зна́ю, кто моя́ жена́, и где она́, и до́лжен ли сви́деться с не́ю когда́-нибудь!»

«Что вы говори́те? — воскли́кнула Ма́рья Гаври́ловна; — как э́то стра́нно! Продолжа́йте; я расскажу́ по́сле ... но продолжа́йте, сде́лайте ми́лость».

«В нача́ле 1812 го́да, — сказа́л Бурми́н, — я спеши́л в Ви́льну, где находи́лся наш полк. Прие́хав одна́жды на ста́нцию по́здно ве́чером, я веле́л бы́ло поскоре́е закла́дывать лошаде́й, как вдруг подняла́сь ужа́сная мете́ль, и смотри́тель [1]) и ямщики́ сове́товали мне пережда́ть. Я их послу́шался, но непоня́тное беспоко́йство овладе́ло мно́ю; каза́лось, кто́-то меня́ так и толка́л. Между тем мете́ль не унима́лась; я не вы́терпел, приказа́л опя́ть закла́дывать и пое́хал в са́мую бу́рю. Ямщику́ взду́малось е́хать реко́ю, что должно́ бы́ло сократи́ть нам путь тремя́ верста́ми. Берега́ бы́ли занесены́; [2]) ямщи́к прое́хал ми́мо того́ ме́ста, где выезжа́ли на доро́гу, и таки́м о́бразом очути́лись мы в незнако́мой стороне́. Бу́ря не утиха́ла; я уви́дел огонёк и веле́л е́хать туда́. Мы прие́хали в дере́вню; в деревя́нной це́ркви был ого́нь. Це́рковь была́ отво́рена, за огра́дой стоя́ло не́сколько сане́й; по па́перти ходи́ли лю́ди. «Сюда́! сюда́!» закрича́ло не́сколько голосо́в. Я веле́л ямщику́ подъе́хать. «Поми́луй, [3]) где ты заме́шкался? — сказа́л мне кто́-то; — неве́ста в о́бмороке; поп не зна́ет, что де́лать; мы гото́вы бы́ли е́хать наза́д. Выходи́ же скоре́е». Я мо́лча вы́прыгнул из сане́й и вошёл в це́рковь, сла́бо освещённую двумя́ и́ли тремя́ свеча́ми. Де́вушка

---

[1] Meaning станцио́нный смотри́тель: 'the stationmaster' (cf. the fourth tale of this collection).

[2] Сне́го́м is implied: 'covered with snow.'

[3] The imperative поми́луй(те) can be used to express dissension, indignation or reproach, as is here the case.

сиде́ла на ла́вочке в тёмном углу́ це́ркви; друга́я тёрла ей виски́. «Сла́ва Бо́гу, — сказа́ла э́та, — наси́лу вы прие́хали. Чуть бы́ло вы ба́рышню не умори́ли». Ста́рый свяще́нник подошёл ко мне с вопро́сом: «Прика́жете начина́ть?» — «Начина́йте, начина́йте, ба́тюшка», отвеча́л я рассе́янно. Де́вушку по́дняли. Она показа́лась мне не дурна́ ... Непоня́тная, непрости́тельная ве́треность ... я стал подле неё перед нало́ем; свяще́нник торопи́лся; тро́е мужчи́н и го́рничная подде́рживали неве́сту и за́няты бы́ли то́лько е́ю. Нас обвенча́ли. «Поцелу́йтесь», сказа́ли нам. Жена́ моя́ обрати́ла ко мне бле́дное своё лицо́. Я хоте́л было её поцелова́ть ... Она́ вскри́кнула: «Ай, не он! не он!» и упа́ла без па́мяти. Свиде́тели устреми́ли на меня́ испу́ганные глаза́. Я поверну́лся, вы́шел из це́ркви безо вся́кого препя́тствия, бро́сился в киби́тку и закрича́л: пошёл!» [1])

«Бо́же мой! — закрича́ла Ма́рья Гаври́ловна; — и вы не зна́ете, что сде́лалось с бе́дною ва́шею жено́ю?»

«Не зна́ю, — отвеча́л Бурми́н, — не зна́ю, как зову́т дере́вню, где я венча́лся; не по́мню, с кото́рой ста́нции пое́хал. В то вре́мя я так ма́ло полага́л ва́жности в престу́пной мое́й прока́зе, что, отъе́хав от це́ркви, засну́л и просну́лся на друго́й день поутру́, на тре́тьей уже́ ста́нции. Слуга́, бы́вший тогда́ со мно́ю, у́мер в похо́де, так что я не име́ю и наде́жды отыска́ть ту, над кото́рой подшути́л я так жесто́ко, и кото́рая тепе́рь так жесто́ко отомщена́».

«Бо́же мой, Бо́же мой! — сказа́ла Ма́рья Гаври́ловна, схвати́в его́ ру́ку; — так э́то бы́ли вы! И вы не узна́ёте меня́?»

Бурми́н побледне́л ... и бро́сился к её нога́м ...

---

[1] The preterite is used here in the function of an imperative: ‘go!’ ‘get on!’ ‘away!’

ГРОБОВЩИ́К

Не зрим [1]) ли ка́ждый день гробо́в,
Седи́н дряхле́ющей вселе́нной?
Держа́вин. [2])

После́дние пожи́тки гробовщика́ Адриа́на Про́хорова бы́ли взва́лены на похоро́нные дро́ги, [3]) и то́щая па́ра в четвёртый раз потащи́лась с Басма́нной на Ники́тскую, [4]) куда́ гробовщи́к переселя́лся всем свои́м до́мом. Заперéв ла́вку, приби́л он к воро́там объявле́ние о том, что дом продаётся и отдаётся в наймы́, и пешко́м отпра́вился на новосе́лье. Приближа́ясь к жёлтому до́мику, так давно́ соблазня́вшему его́ воображе́ние и наконе́ц ку́пленному им за поря́дочную су́мму, ста́рый гробовщи́к чу́вствовал с удивле́нием, что се́рдце его́ не ра́довалось. Переступи́в за незнако́мый поро́г и нашéд [5]) в но́вом своём жили́ще сумато́ху, он вздохну́л о ве́тхой лачу́жке, где в тече́ние осьмна́дцати [6]) лет всё бы́ло заведено́ са́мым стро́гим поря́дком; стал брани́ть обе́их свои́х дочере́й и рабо́тницу за их ме́дленность и сам принялся́ им

[1] From зреть, 'to see' (Slavonic and archaic).

[2] The quotation is taken from the Ode Водопа́д by G. R. Derzhavin (1743-1816). It is not entirely correct; it should have the word вся́кий instead of ка́ждый.

[3] 'Hearse'; today the word катафа́лк is generally preferred.

[4] Two roads situated at the extreme ends of Moscow: the first in the north-eastern part of the town, the second in the south-western one.

[5] See p. 31, n. 1.

[6] Today preferably восемна́дцати.

помогáть. Вскóре порядок установи́лся; кивóт [1]) с образáми, шкап с посу́дою, стол, дивáн и кровáть зáняли им определённые углы́ в зáдней кóмнате; в ку́хне и гости́ной помести́лись издéлия хозя́ина: гробы́ всех цветóв и вся́кого размéра, тáкже шкапы́ с трáурными шля́пами, мáнтиями и фáкелами. Над ворóтами возвы́силась вы́веска, изображáющая дорóдного Аму́ра с опроки́нутым фáкелом в рукé, с пóдписью: «здесь продаю́тся и обивáются гробы́ просты́е и крáшеные, тáкже отдаю́тся на прокáт и починя́ются стáрые». Дéвушки ушли́ в свою́ светли́цу, [2]) Адриáн обошёл своё жили́ще, сел у окóшка и приказáл готóвить самовáр.

Просвещённый читáтель вéдает, что Шекспи́р и Вáльтер Скотт óба предстáвили свои́х гробокопáтелей людьми́ весёлыми и шутли́выми, дабы́ сей противоположностию сильнéе порази́ть нáше воображéние. [3]) Из уважéния к и́стине мы не мóжем слéдовать их примéру и принуждены́ признáться, что нрав нáшего гробовщи́ка совершéнно соответствовал мрáчному егó ремеслу́. Адриáн Прóхоров обыкновéнно был угрю́м и заду́мчив. Он разрешáл молчáние [4]) рáзве тóлько для тогó, чтоб жури́ть свои́х дочерéй, когдá заставáл их без дéла глазéющих в окнó на прохóжих, или чтоб запрáшивать за свои́ произведéния преувели́ченную цéну у тех, котóрые имéли несчáстие (а иногдá и удовóльствие) в них нуждáться. И так Адриáн, си́дя под окнóм и выпивáя седьму́ю чáшку чáю, по своему́ обыкновéнию был

---

[1] The form киóт is today considered better style.

[2] Archaic and popular for 'room.'

[3] An allusion to the grave-diggers in *Hamlet* (Act v, Sc. I) and to Scott's *Bride of Lammermoor* (Ch. XXIV).

[4] 'He broke the silence' (literally 'untied,' from the ancient meaning of the word разрешáть).

погружён в печа́льные размышле́ния. Он ду́мал о проливно́м дожде́, кото́рый, за неде́лю тому́ наза́д, встре́тил у са́мой заста́вы по́хороны отставно́го бригади́ра.[1]) Мно́гие ма́нтии от того́ су́зились, мно́гие шля́пы покоро́бились. Он предви́дел немину́емые расхо́ды, и́бо да́вний запа́с гробовы́х наря́дов приходи́л у него́ в жа́лкое состоя́ние. Он наде́ялся вы́местить убы́ток на ста́рой купчи́хе Трю́хиной, кото́рая уже́ о́коло го́да находи́лась при́ смерти. Но Трю́хина умира́ла на Разгуля́е,[2]) и Про́хоров боя́лся, чтоб её насле́дники, несмотря́ на своё обеща́ние, не полени́лись посла́ть за ним в таку́ю даль и не сторгова́лись бы с ближа́йшим подря́дчиком.

Сии́ размышле́ния бы́ли пре́рваны неча́янно[3]) тремя́ фран-масо́нскими уда́рами[4]) в дверь. «Кто там?» спроси́л гробовщи́к. Дверь отвори́лась, и челове́к, в кото́ром с пе́рвого взгля́ду мо́жно бы́ло узна́ть не́мца реме́сленника, вошёл в ко́мнату и с весёлым ви́дом прибли́зился к гробовщику́. «Извини́те, любе́зный сосе́д, — сказа́л он тем ру́сским наре́чием, кото́рое мы без сме́ха доны́не слы́шать не мо́жем, — извини́те, что я вам помеша́л ... я жела́л поскоре́е с ва́ми познако́миться. Я сапо́жник, и́мя моё Го́тлиб Шульц, и живу́ от вас через у́лицу, в э́том до́мике, что про́тив ва́ших око́шек. — За́втра пра́здную мою

[1] A rank of the fifth class in the old Russian Army, between that of colonel and major-general, which was suppressed at the beginning of the reign of the Emperor Paul I (1796-1801) (see p. 4, n. 1; p. 7, n. 1; p. 76, n. 2).

[2] Разгуля́й: a quarter of Moscow, close to the Басма́нная, where Adrian used to live.

[3] Here used with the old meaning of 'out of place,' 'unexpectedly'; today нечаянно means 'by mistake,' 'unintentionally.'

[4] This should be taken as an instance of Pushkin's humour.

серéбряную свáдьбу, и я прошý вас и вáших дóчек отобéдать у меня́ по-прия́тельски». — Приглашéние бы́ло благосклóнно при́нято. Гробовщи́к проси́л сапóжника сади́ться и вы́кушать [1]) чáшку чáю, и, благодаря́ откры́тому нрáву Гóтлиба Шýльца, вскóре они́ разговори́лись дружелю́бно. «Каковó торгýет вáша ми́лость?» [2]) спроси́л Адриáн. «Э-хе-хе, — отвечáл Шульц, — и так, и сяк. Пожáловаться не могý. Хоть, конéчно, мой товáр не то, что ваш: живóй без сапóг обойдётся, а мёртвый без грóба не живёт». [3]) — «Сýщая прáвда, — замéтил Адриáн; — однáко ж, éсли живóму нé на что купи́ть сапóг, то, не прогнéвайся, [4]) хóдит он и босóй; а ни́щий мертвéц и дáром берёт себé гроб». Таки́м óбразом бесéда продолжáлась у них ещё нéсколько врéмени; наконéц сапóжник встал и прости́лся с гробовщикóм, возобновля́я своё приглашéние.

На другóй день, рóвно в двенáдцать часóв, гробовщи́к и егó дóчери вы́шли из кали́тки новокýпленного дóма и отпрáвились к сосéду. Не стáну опи́сывать ни рýсского кафтáна Адриáна Прóхорова, ни европéйского наря́да Акули́ны и Дáрьи, отступáя в сем слýчае от обы́чая, при́нятого ны́нешними романи́стами. Полагáю, однáко ж, не изли́шним замéтить, что óбе деви́цы надéли жёлтые шля́пки и крáсные

---

[1] 'To drink' (archaic and popular).

[2] Old-fashioned polite form of address, especially from an inferior.

[3] The verb живёт is here used both in its proper meaning, which gives a comic turn to the sentence, since it is applied to a dead man, and in its meaning of бывáет, a current expression in popular speech.

[4] Old-fashioned polite form for begging one's pardon; today it is only used ironically: 'you only have yourself to blame for ...'

башмаки́, что быва́ло у них то́лько в торже́ственные слу́чаи.

Те́сная кварти́рка сапо́жника была́ напо́лнена гостя́ми, бо́льшею ча́стию не́мцами ремесленниками, с их жёнами и подмасте́рьями. Из ру́сских чино́вников был оди́н бу́дочник, [1]) чухо́нец [2]) Ю́рко, [3]) уме́вший приобрести́, несмотря́ на своё смире́нное зва́ние, осо́бенную благосклонность хозя́ина. Лет два́дцать пять служи́л он в сем зва́нии ве́рой и пра́вдою, [4]) как почталио́н Погоре́льского. [5]) Пожа́р двена́дцатого го́да, [6]) уничто́жив первопресто́льную столи́цу, [7]) истреби́л и его́ жёлтую бу́дку. Но тотча́с, по изгна́нии врага́, на её ме́сте яви́лась но́вая, се́ренькая с бе́лыми коло́нками дори́ческого о́рдена, и Ю́рко стал опя́ть расха́живать о́коло неё *с секи́рой и в броне́ сермя́жной.* [8]) Он был знако́м бо́льшей ча́сти не́мцев,

---

[1] A town constable in old Russia, up to the time of the reforms of the 'sixties of last century; he lived in a special little wooden house called бу́дка standing actually on the spot where he carried out his duties.

[2] A nickname which the Russians gave to the Finns of St. Petersburg.

[3] Diminutive of Ю́рий, 'George.'

[4] Служи́ть ве́рой и пра́вдой: 'to serve with honesty and disinterestedness.'

[5] The person in question is the hero of the story Лафе́ртовская ма́ковница (1824) by the writer Anthony Pogorelski, a pseudonym of A. A. Perovski (1787-1836).

[6] I.e. the year 1812.

[7] Первопресто́льная столи́ца or, simply, Первопресто́льная (from пе́рвый, 'first,' and престо́л, 'throne') is a name given to Moscow as the ancient capital.

[8] С секи́рой и в броне́ сермя́жной: a line taken from the poem Ду́ра Пахо́мовна by A. E. Izmaïlov (1779-1831); секи́ра is the old name for the axe, which was also used as a weapon (referring to the halberd of Yurko); сермя́жный comes from сермя́га, a rough cloth of peasant fabrication and also a garment made of the same cloth.

живу́щих о́коло Ники́тских воро́т: [1]) ины́м из них случа́лось да́же ночева́ть у Ю́рки с воскресе́нья на понеде́льник. Адриа́н тотча́с познако́мился с ним, как с челове́ком, в кото́ром ра́но или по́здно мо́жет случи́ться име́ть нужду́, и как го́сти пошли́ за стол, то они́ се́ли вме́сте. Господи́н и госпожа́ Шульц и до́чка их, семнадцатиле́тняя Ло́тхен, обе́дая с гостя́ми все вме́сте, угоща́ли и помога́ли куха́рке служи́ть. Пи́во лило́сь, Юрко ел за четверы́х; Адриа́н ему́ не уступа́л; до́чери его́ чини́лись; [2]) разгово́р на неме́цком языке́ час о́т часу де́лался шумне́е. Вдруг хозя́ин потре́бовал внима́ния и, отку́поривая засмолёную буты́лку, гро́мко произнёс по-ру́сски: «За здоро́вье мое́й до́брой Луи́зы!» Полушампа́нское [3]) запе́нилось. Хозя́ин не́жно поцелова́л све́жее лицо́ сорокале́тней свое́й подру́ги, и го́сти шу́мно вы́пили здоро́вье [4]) до́брой Луи́зы. «За здоро́вье любе́зных госте́й мои́х!» провозгласи́л хозя́ин, отку́поривая втору́ю буты́лку — и го́сти благодари́ли его́, осуша́я [5]) вновь свои́ рю́мки. Тут на́чали здоро́вья сле́довать одно́ за други́м: пи́ли здоро́вье ка́ждого го́стя особли́во, пи́ли здоро́вье Москвы́ и це́лой дю́жины герма́нских городко́в, пи́ли здоро́вье всех це́хов вообще́ и ка́ждого в осо́бенности, пи́ли здоро́вье мастеро́в и подмасте́рьев. Адриа́н пил с усе́рдием и до того́ развесели́лся, что сам предложи́л како́й-то шутли́вый

---

[1] Ники́тские воро́та: formerly one of the gates in the city walls of Moscow. At the time of Pushkin the surrounding walls had been demolished and the name applied only to the place where the Ники́тская street began.

[2] 'Were very affected.'

[3] A sparkling wine, similar to champagne.

[4] In modern Russian the construction (вы́)пить за здоро́вье is preferred; it is found later in this text.

[5] Осуши́ть рю́мку, стака́н: 'have a drink.'

тост. Вдруг оди́н из госте́й, то́лстый бу́лочник, по́днял рю́мку и воскли́кнул: «За здоро́вье тех, на кото́рых мы рабо́таем, unserer Kundleute!» [1]). Предложе́ние, как и все, бы́ло при́нято ра́достно и единоду́шно. Го́сти на́чали друг дру́гу кла́няться, портно́й сапо́жнику, сапо́жник портно́му, бу́лочник им обо́им, все бу́лочнику, и так да́лее. Ю́рко, посреди́ сих взаи́мных покло́нов, закрича́л, обратя́сь к своему́ сосе́ду: «Что же? пей, ба́тюшка, [2]) за здоро́вье свои́х мертвецо́в». Все захохота́ли, но гробовщи́к почёл себя́ оби́женным и нахму́рился. Никто́ того́ не заме́тил, го́сти продолжа́ли пить, и уже́ бла́говестили к вече́рне, когда́ вста́ли из-за стола́.

Го́сти разошли́сь по́здно, и по бо́льшей ча́сти навеселе́. То́лстый бу́лочник и переплётчик, ко́его лицо́ каза́лось в кра́сненьком сафья́нном переплёте, по́д руки отвели́ Ю́рку в его́ бу́дку, наблюда́я, в сем слу́чае, ру́сскую посло́вицу: долг платежо́м кра́сен. [3]) Гробовщи́к пришёл домо́й пьян и серди́т. «Что ж э́то, в са́мом де́ле, — рассужда́л он вслух, — чем ремесло́ моё нечестне́е про́чих? ра́зве гробовщи́к брат палачу́? чему́ смею́тся басурма́не? [4]) ра́зве гробовщи́к га́ер свя́точный? [5]) Хоте́лось бы́ло мне позва́ть их на

---

[1] German for ‘of our clients.’

[2] Literally ‘little father’; a popular and familiar way of addressing each other between people of the same age and formerly used by the lower classes in addressing a superior.

[3] ‘It’s a fine thing to pay one’s debt’; кра́сен is here used in the sense of ‘fine.’

[4] Popular form, and the only one used in old Russian, for the word мусульма́не, ‘Moslems’; the latter is a recent form and is used only in literary language. Frequently the people give, or used to give, the name of басурма́не to all those not belonging to the Orthodox faith.

[5] A clown (га́ер) who figured in popular entertainments at Christmas-time (свя́тки).

нэвосе́лье, зада́ть им пир горо́й;[1] ин[2] не быва́ть же тому́! А созову́ я тех, на кото́рых рабо́таю; мертвецо́в правосла́вных». — «Что ты, ба́тюшка? — сказа́ла рабо́тница, кото́рая в э́то вре́мя разува́ла его́; — что ты э́то горо́дишь? Перекрести́сь! Созыва́ть мёртвых на новосе́лье! Э́кая[3] страсть!» — «Ей Бо́гу, созову́, — продолжа́л Адриа́н, — и на за́втрашний же день. Ми́лости про́сим,[4] мои́ благоде́тели, за́втра ве́чером у меня́ попирова́ть; угощу́, чем Бог посла́л». С э́тим сло́вом гробовщи́к отпра́вился на крова́ть и вско́ре захрапе́л.

На дворе́ бы́ло ещё темно́, как Адриа́на разбуди́ли. Купчи́ха Трю́хина сконча́лась в э́ту са́мую ночь, и наро́чный от её прика́зчика прискака́л к Адриа́ну верхо́м с э́тим изве́стием. Гробовщи́к дал ему́ за то гри́венник на во́дку, оде́лся на́скоро, взял изво́зчика и пое́хал на Разгуля́й. У воро́т поко́йницы уже́ стоя́ла поли́ция, и расха́живали купцы́, как во́роны, почу́я мёртвое те́ло. Поко́йница лежа́ла на столе́, жёлтая как воск, но ещё не обезобра́женная тле́нием. О́коло неё тесни́лись ро́дственники, сосе́ды[5] и дома́шние. Все о́кна бы́ли откры́ты; све́чи горе́ли; свяще́нники чита́ли моли́твы. — Адриа́н подошёл к племя́ннику Трю́хиной, молодо́му ку́пчику[6] в мо́дном сертуке́,[7] объявля́я ему́, что гроб, све́чи, покро́в и други́е

---

[1] Пир горо́й, 'a feast like a mountain,' i.e. 'a magnificent feast.'

[2] Ин is the popular equivalent of так (as is the case here) or of то (conjunction).

[3] Экий is the popular equivalent of како́й in exclamations, though never in interrogatives.

[4] 'Be welcome.'

[5] See p. 20, n. 1.

[6] Diminutive of купе́ц, 'merchant.'

[7] See p. 10, n. 1.

похоро́нные принадле́жности тотча́с бу́дут ему́ доста́влены во всей испра́вности. Насле́дник благодари́л его́ рассе́янно, сказа́в, что о цене́ он не торгу́ется, а во всём полага́ется на его́ со́весть. Гробовщи́к, по обыкнове́нию своему́, побожи́лся, что ли́шнего не возьмёт; значи́тельным взгля́дом обменя́лся с прика́зчиком и пое́хал хлопота́ть. Це́лый день разъезжа́л с Разгуля́я к Ники́тским воро́там и обра́тно; к ве́черу всё сла́дил и пошёл домо́й пешко́м, отпусти́в своего́ изво́зчика. Ночь была́ лу́нная. Гробовщи́к благополу́чно дошёл до Ники́тских воро́т. У Вознесе́ния [1]) окли́кал [2]) его знако́мец наш Ю́рко и, узна́в гробовщика́, пожела́л ему́ до́брой но́чи. — Бы́ло по́здно. Гробовщи́к подходи́л уже́ к своему́ до́му, как вдруг показа́лось ему́, что кто́-то подошёл к его́ воро́там, отвори́л кали́тку и в неё скры́лся. «Что бы э́то зна́чило? — поду́мал Адриа́н. — Кому́ опя́ть до меня́ нужда́? Уж не вор ли ко мне забра́лся? Не хо́дят ли любо́вники к мои́м ду́рам? Чего́ до́брого!» [3]) И гробовщи́к ду́мал уже́ кли́кнуть себе́ на по́мощь прия́теля своего́ Ю́рку. В э́ту мину́ту кто́-то ещё приблизи́лся к кали́тке и собира́лся войти́, но, уви́дя бегу́щего хозя́ина, останови́лся и снял треуго́льную шля́пу. [4]) Адриа́ну лицо́ его́ показа́лось знако́мо, но второпя́х не успе́л он поря́дочно его́ разгляде́ть. «Вы пожа́ловали ко мне, — сказа́л запы́хавшись Адриа́н; — войди́те

---

[1] That is to say, у (це́ркви) Вознесе́ния, 'by the (church of the) Ascension.'

[2] Окли́кать, окли́чу (perfective), 'to call by name,' is replaced in modern Russian by окли́кнуть, which has the imperfective оклика́ть, оклика́ю.

[3] 'That would be the limit,' 'I am afraid that' (familiar expression).

[4] A three-cornered and also a two-cornered hat; today, треуго́лка.

же, сде́лайте ми́лость». — «Не церемо́нься, ба́тюшка, — отвеча́л тот глу́хо; — ступа́й себе́ вперёд; ука́зывай гостя́м доро́гу!» Адриа́ну и не́когда бы́ло церемо́ниться. Кали́тка была́ отперта́, он пошёл на ле́стницу, и тот за ним. Адриа́ну показа́лось, что по ко́мнатам его́ хо́дят лю́ди. «Что за дья́вольщина!» поду́мал он, и спеши́л войти́ ... тут но́ги его́ подкоси́лись. Ко́мната полна́ была́ мертвеца́ми. Луна́ сквозь о́кна освеща́ла их жёлтые и си́ние ли́ца, ввали́вшиеся рты, му́тные, полузакры́тые глаза́ и вы́сунувшиеся носы́ ... Адриа́н с у́жасом узна́л в них людей́, погребённых его́ стара́ниями, и в го́сте, с ним вме́сте воше́дшем, бригади́ра, похоро́ненного во вре́мя проливно́го дождя́. Все они́, да́мы и мужчи́ны, окружи́ли гробовщика́ с покло́нами и приве́тствиями, кро́ме одного́ бедняка́, неда́вно да́ром похоро́ненного, кото́рый, со́вестясь и стыдя́сь своего́ ру́бища, не приближа́лся и стоя́л смире́нно в углу́. Про́чие все оде́ты бы́ли благопристо́йно: поко́йницы в чепца́х и ле́нтах, мертвецы́ чино́вные [1]) в мунди́рах, но с борода́ми небри́тыми, купцы́ в пра́здничных кафта́нах. «Ви́дишь ли, Про́хоров, — сказа́л бригади́р от и́мени всей честно́й компа́нии; [2]) — все мы подняли́сь на твоё приглаше́ние; оста́лись до́ма то́лько те, кото́рым уже́ не в мочь, кото́рые совсе́м развали́лись, да у кого́ оста́лись одни́ ко́сти без ко́жи, но и тут оди́н не утерпе́л — так хоте́лось ему́ побыва́ть у тебя́ ... » В э́ту мину́ту, ма́ленький скеле́т продра́лся сквозь толпу́ и прибли́зился

---

[1] Чино́вные: 'officials having a чин,' 'a rank or grade,' i.e. officers and civil servants: that is why they wear uniform and have to shave their beards, like all government officials at the beginning of the nineteenth century.

[2] This adjective has the accent on the last syllable only in the expression честна́я компа́ния, 'honourable company'; in other cases it has the accent on the first syllable.

к Адриа́ну. Че́реп его́ ла́сково улыба́лся гробовщику́. Клочки́ светлозелёного и кра́сного сукна́ и ве́тхой холсти́ны кой-где́ висе́ли на нём, как на шесте́, а ко́сти ног би́лись в больши́х ботфо́ртах, [1]) как пе́стики в сту́пах. «Ты не узна́л меня́, Про́хоров, — сказа́л скеле́т. — По́мнишь ли отставно́го сержа́нта гва́рдии Петра́ Петро́вича Кури́лкина, того́ са́мого, кото́рому, в 1799 году́, ты про́дал пе́рвый свой гроб — и ещё сосно́вый за дубо́вый?» С сим сло́вом мертве́ц простёр ему́ костяны́е объя́тия — но Адриа́н, собра́вшись с си́лами, закрича́л и оттолкну́л его́. Пётр Петро́вич пошатну́лся, упа́л и весь рассы́пался. Между мертвеца́ми подняла́ся ро́пот негодова́ния; все вступи́лись за честь своего́ това́рища, приста́ли к Адриа́ну с бра́нью и угро́зами, и бе́дный хозя́ин, оглушённый их кри́ком и почти́ зада́вленный, потеря́л прису́тствие ду́ха, сам упа́л на ко́сти отставно́го сержа́нта гва́рдии и лиши́лся чувств.

Со́лнце давно́ уже́ освеща́ло посте́лю [2]) на кото́рой лежа́л гробовщи́к. Наконе́ц откры́л он глаза́ и уви́дел перед собо́ю рабо́тницу, раздува́ющую самова́р. С у́жасом вспо́мнил Адриа́н все вчера́шние происше́ствия. Трю́хина, бригади́р и сержа́нт Кури́лкин сму́тно предста́вились его́ воображе́нию. Он мо́лча ожида́л, чтоб рабо́тница начала́ с ним разгово́р и объяви́ла о после́дствиях ночны́х приключе́ний.

— Как ты заспа́лся, ба́тюшка, Адриа́н Про́хорович, [3])

---

[1] Ботфо́рт (from the French *botte-forte*): 'jack-boot,' a boot which was longer in front than at the back and covered the knee.

[2] Modern Russian, instead of посте́ля, prefers the form посте́ль, gen. посте́ли, etc. (cf. p. 67, l. 20).

[3] At the beginning of the nineteenth century, in Russia, people belonging to the lower classes (peasants, artisans, etc.) generally did not have a definite surname: as such was

— сказа́ла Акси́нья,[1] подава́я ему хала́т. — К тебе́ заходи́л сосе́д портно́й, и зде́шний бу́дочник забега́л с объявле́нием, что сего́дня ча́стный[2] имени́нник, да ты изво́лил почива́ть, и мы не хоте́ли тебя́ разбуди́ть.

— А приходи́ли ко мне от поко́йницы Трю́хиной?

— Поко́йницы? Да ра́зве она́ умерла?

— Э́ка ду́ра! Да не ты ли пособля́ла мне вчера́ ула́живать её по́хороны?

— Что ты, ба́тюшка, не с ума́ ли спя́тил,[3] а́ли[4] хмель вчера́шний ещё у тя[5] не прошёл! Каки́[6] бы́ли вчера́ по́хороны? Ты це́лый день пирова́л у не́мца, вороти́лся пьян, завали́лся в посте́лю, да и спал до сего́ ча́са, как уж к обе́дне отбла́говестили.

— Ой ли![7] — сказа́л обра́дованный гробовщи́к.

— Вести́мо[8] так, — отвеча́ла рабо́тница.

— Ну, ко́ли[9] так, дава́й скоре́е ча́ю, да позови́ дочере́й.

---

used the patronymic in -ов, derived from the father's or the grandfather's Christian name. That is why Про́хоров is used as a surname by the brigadier and the sergeant, but remains a real patronymic in the speech of the servant woman, who adds to it the final particle -ич as a mark of deference.

[1] Popular form for Ксе́ния, 'Xenia.'

[2] Meaning ча́стный при́став, 'a police inspector,' who is responsible for a часть, i.e. 'a district.'

[3] Спя́тить с ума́: a colloquial expression for сойти́ с ума́, 'go mad.'

[4] See p. 35, n. 1.

[5] Popular form for у тебя́ (cf. p. 34, n. 1).

[6] Popular form for каки́е (see p. 34, n. 5).

[7] Popular expression signifying incredulity.

[8] Popular expression: 'certainly,' 'it is understood.'

[9] Popular for е́сли.

СТАНЦИО́ННЫЙ СМОТРИ́ТЕЛЬ [1])

Колле́жский регистра́тор, [2])
Почто́вой ста́нции дикта́тор.
Князь Вя́земский. [3])

Кто не проклина́л станцио́нных смотри́телей, кто с ни́ми не бра́нивался. [4]) Кто, в мину́ту гне́ва, не тре́бовал от них роково́й кни́ги, дабы́ вписа́ть в о́ную свою́ бесполе́зную жа́лобу на притесне́ние, гру́бость и неиспра́вность? Кто не почита́ет их и́звергами челове́ческого ро́да, [5]) ра́вными поко́йным подъя́чим [6]) или, по кра́йней ме́ре, му́ромским разбо́йникам? [7]) Бу́дем одна́ко справедли́вы, постара́емся войти́ в их положе́ние и, мо́жет быть, ста́нем суди́ть об них гора́здо снисходи́тельнее. Что тако́е станцио́нный смотри́тель?

---

[1] 'Stationmaster,' 'postmaster'; (before the age of railways).

[2] This was the junior rank in the hierarchy of the civil service, the fourteenth class and the initial one (cf. p. 7, n. 1).

[3] Two lines taken from the poem Ста́нция by Prince P. A. Vyazemski (1792-1878), a friend of Pushkin's. The quotation is not entirely correct: instead of колле́жский регистра́тор, Vyazemski uses губе́рнский регистра́тор, a title which does not correspond to any grade.

[4] Frequentative form of брани́ться.

[5] The word и́зверг, which today means only 'monster, cruel man,' has kept its old meaning in the expression и́зверг ро́да челове́ческого: 'the outcast of mankind,' 'scum of the earth.'

[6] Clerks in the old Muscovite administration, who had an evil reputation for their dishonesty and intrigues.

[7] The forests of the Murom district, in the government of Vladimir, on the right bank of the Oka, used to be infested by brigands.

Су́щий му́ченик четы́рнадцатого кла́сса, [1]) огражде́нный свои́м чи́ном то́кмо [2]) от побо́ев, и то не всегда́ (ссыла́юсь на со́весть мои́х чита́телей). Какова́ до́лжность сего́ дикта́тора, как называ́ет его́ шутли́во князь Вя́земский? Не настоя́щая ли ка́торга? Поко́я ни днём, ни но́чью. Всю доса́ду, нако́пленную во вре́мя ску́чной езды́, путеше́ственник вымеща́ет на смотри́теле. Пого́да несно́сная, доро́га скве́рная, ямщи́к упря́мый, ло́шади не везу́т — а винова́т смотри́тель. Входя́ в бе́дное его́ жили́ще, проезжа́ющий смо́трит на него́, как на врага́; хорошо́, е́сли уда́стся ему́ ско́ро изба́виться от непро́шенного го́стя; но е́сли не случи́тся лошаде́й? ... Бо́же! каки́е руга́тельства, каки́е угро́зы посы́плются на его́ го́лову! В дождь и сля́коть принуждён он бе́гать по двора́м; в бу́рю, в креще́нский моро́з [3]) ухо́дит он в се́ни, чтоб то́лько на мину́ту отдохну́ть от кри́ка и толчко́в раздражённого постоя́льца. Приезжа́ет генера́л; дрожа́щий смотри́тель отдаёт ему́ две после́дние тро́йки, в том числе́ курье́рскую. Генера́л е́дет, не сказа́в ему́ спаси́бо. Через пять мину́т — колоко́льчик! ... и фельдъе́герь [4]) броса́ет ему́ на стол свою́ подоро́жную [5]) ... Вни́кнем во всё э́то хороше́нько, и вме́сто негодова́ния се́рдце на́ше испо́лнится и́скренним сострада́нием. Ещё не́сколько слов: в тече́ние двадцати́ лет сря́ду, изъе́здил я Росси́ю по всем направле́ниям; почти́ все почто́вые тра́кты мне изве́стны; не́сколько поколе́ний ямщико́в

---

[1] See p. 57, n. 2.

[2] Archaic for то́лько, 'only.'

[3] Just after Christmas, at the time of the Epiphany (Креще́нье) the frosts in Russia are particularly bad.

[4] From the German *Feldjäger*, 'courier,' cabinet-messenger,' 'special messenger.'

[5] An official document corresponding to a warrant or road-pass, giving the right to command the use of transport.

мне знако́мы; ре́дкого смотри́теля не зна́ю я в лицо́, с ре́дким не име́л я де́ла; любопы́тный запа́с путевы́х мои́х наблюде́ний наде́юсь изда́ть в непродолжи́тельном вре́мени; пока́мест скажу́ то́лько, что сосло́вие станцио́нных смотри́телей предста́влено о́бщему мне́нию в са́мом ло́жном ви́де. Сии́ столь оклеве́танные смотри́тели вообще́ суть лю́ди ми́рные, от приро́ды услу́жливые, скло́нные к общежи́тию, скро́мные в притяза́ниях на по́чести и не сли́шком сребролюби́вые. Из их разгово́ров (ко́ими некста́ти пренебрега́ют господа́ проезжа́ющие) мо́жно почерпну́ть мно́го любопы́тного и поучи́тельного. Что каса́ется до меня́, [1]) то, признаю́сь, я предпочита́ю их бесе́ду реча́м како́го-нибудь чино́вника 6-го кла́сса, [2]) сле́дующего по казённой на́добности.

Легко́ мо́жно догада́ться, что есть у меня́ прия́тели из почте́нного сосло́вия смотри́телей. В са́мом де́ле, па́мять одного́ из них мне драгоце́нна. Обстоя́тельства не́когда сбли́зили нас, и об нём-то наме́рен я тепе́рь побесе́довать с любе́зными чита́телями.

В 1816 году́, в ма́е ме́сяце, случи́лось мне проезжа́ть через ***скую губе́рнию, по тра́кту, ны́не уничто́женному. Находи́лся я в ме́лком чи́не, е́хал на перекладны́х и плати́л прого́ны за две ло́шади. [3]) Всле́дствие

---

[1] See p. 20, n. 3.

[2] In the civil service, the grade of an officer of the sixth class (колле́жский сове́тник) corresponded to the rank of colonel in the army (cf. p. 7, n. 1).

[3] Е́хать на перекладны́х: 'to travel post' and change horses at every stage; прого́ны, i.e. 'the price of the stage journey,' the sum allowed to cover all expenses incurred by anyone travelling on official business. It was calculated according to the number of verstes and of horses; the higher the rank of the officer, the greater the number of horses that he could command and the more comfortable his conveyance (cf. further on, коля́ска чино́вного ба́рина).

сего́ смотри́тели со мно́ю не церемо́нились, и ча́сто бира́л [1]) я с бо́ю то, что, во мне́нии моём, сле́довало мне по пра́ву. Бу́дучи мо́лод и вспы́льчив, я негодова́л на ни́зость и малоду́шие смотри́теля, когда́ сей после́дний отдава́л пригото́вленную мне тро́йку под коля́ску чино́вного ба́рина. Столь же до́лго не мог я привы́кнуть и к тому́, чтоб разбо́рчивый холо́п обноси́л меня́ блю́дом на губерна́торском обе́де. [2]) Ны́не то и друго́е ка́жется мне в поря́дке веще́й. В са́мом де́ле, что бы́ло бы с на́ми, е́сли бы вме́сто общеудо́бного пра́вила: *чин чи́на почита́й*, ввело́сь в употребле́ние друго́е, наприме́р: *ум ума́ почита́й?* Каки́е возни́кли бы спо́ры! и слу́ги с кого́ бы начина́ли ку́шанье подава́ть? Но обраща́юсь к мое́й по́вести.

День был жа́ркий. В трёх верста́х от ста́нции*** ста́ло накра́пывать, и через мину́ту проливно́й дождь вы́мочил меня́ до после́дней ни́тки. По прие́зде на ста́нцию, пе́рвая забо́та была́ поскоре́е переоде́ться, втора́я спроси́ть себе́ ча́ю. «Эй, Ду́ня! [3]) — закрича́л смотри́тель, — поста́вь самова́р, [4]) да сходи́ за сли́вками». При сих слова́х вы́шла из-за перегоро́дки де́вочка лет четы́рнадцати и побежа́ла в се́ни. Красота́

---

[1] Frequentative form of брать.

[2] Обноси́ть can mean both 'to serve round' and 'to miss out in serving round.' It is in the latter meaning that the verb is used here. This sentence obviously refers to a personal recollection: the unpleasant experience had happened to Pushkin himself at a dinner given by Strekalov, the military governor of Tiflis, during a journey made by the poet to the Caucasus in 1829, therefore a year before he wrote 'The Stationmaster.' The incident is mentioned in Путеше́ствие в Арзру́м, Ch. II.

[3] A diminutive of Авдо́тья, a popular form for Евдоки́я, 'Eudoxia.'

[4] Поста́вить самова́р: 'to start the samovar,' equivalent in English to 'boiling the kettle.'

её меня́ порази́ла. «Э́то твоя́ до́чка?» спроси́л я смотри́теля. — «До́чка-с, [1]) — отвеча́л он с ви́дом дово́льного самолю́бия; — да така́я разу́мная, така́я прово́рная, вся в поко́йницу мать». Тут он принялся́ перепи́сывать мою́ подоро́жную, а я занялся́ рассмотре́нием карти́нок, украша́вших его́ смире́нную, но опря́тную оби́тель. Они́ изобража́ли исто́рию блу́дного сы́на: в пе́рвой почте́нный стари́к в колпаке́ и шла́фроке [2]) отпуска́ет беспоко́йного ю́ношу, кото́рый поспе́шно принима́ет его́ благослове́ние и мешо́к с деньга́ми. В друго́й я́ркими черта́ми изображено́ развра́тное поведе́ние молодо́го челове́ка: он сиди́т за столо́м, окружённый ло́жными друзья́ми и бессты́дными же́нщинами. Да́лее, промота́вшийся ю́ноша, в ру́бище и в треуго́льной шля́пе, [3]) пасёт свине́й и разделя́ет с ни́ми тра́пезу; [4]) в его́ лице́ изображены́ глубо́кая печа́ль и раска́яние. Наконе́ц предста́влено возвраще́ние его́ к отцу́; до́брый стари́к в том же колпаке́ и шла́фроке выбега́ет к нему́ навстре́чу; блу́дный сын стои́т на коле́нях; в перспекти́ве по́вар убива́ет упи́танного тельца́, [5]) и ста́рший брат вопроша́ет слуг о причи́не таково́й ра́дости. Под ка́ждой карти́нкой прочёл я прили́чные неме́цкие стихи́. Всё э́то доны́не сохрани́лось в мое́й па́мяти, так же как и горшки́ с бальзами́ном и крова́ть с пёстрой занаве́скою, и про́чие предме́ты,

---

[1] The final -с is an abbreviation of су́дарь, 'sir,' and is used as a form of politeness. It was only used by an inferior to a superior and was considered slightly vulgar. Amongst equals or from a superior to an inferior the -с generally marks a slight irony.

[2] See p. 35, n. 5.

[3] See p. 53, n. 4.

[4] 'Meal,' Slavonic word.

[5] Теле́ц: a Slavonic word of which the Russian equivalent is телёнок, 'calf.'

меня́ в то вре́мя окружа́вшие. Ви́жу, как тепе́рь, самого́ хозя́ина, челове́ка лет пяти́десяти, све́жего и бо́дрого, и его́ дли́нный зелёный серту́к [1]) с тремя́ меда́лями на полиня́лых ле́нтах.

Не успе́л я расплати́ться со ста́рым мои́м ямщико́м, как Ду́ня возврати́лась с самова́ром. Ма́ленькая коке́тка со второ́го взгля́да заме́тила впечатле́ние, произведённое е́ю на меня́; она́ поту́пила больши́е голубы́е глаза́; я стал с не́ю разгова́ривать, она́ отвеча́ла мне безо вся́кой ро́бости, как де́вушка, ви́девшая свет. Я предложи́л отцу́ её стака́н пу́ншу; Ду́не по́дал я ча́шку ча́ю, и мы втроём на́чали бесе́довать, как бу́дто век бы́ли знако́мы.

Ло́шади бы́ли давно́ гото́вы, а мне всё не хоте́лось расста́ться с смотри́телем и его́ до́чкой. Наконе́ц я с ни́ми прости́лся; оте́ц пожела́л мне до́брого пути́, а дочь проводи́ла до теле́ги. В сеня́х я останови́лся и проси́л у ней позволе́ния её поцелова́ть: Ду́ня согласи́лась ... Мно́го могу́ я насчита́ть поцелу́ев,

С тех пор, как э́тим занима́юсь, [2])

но ни оди́н не оста́вил во мне столь до́лгого, столь прия́тного воспомина́ния.

Прошло́ не́сколько лет, и обстоя́тельства привели́ меня́ на тот са́мый тракт, в те са́мые места́. Я вспо́мнил дочь ста́рого смотри́теля и обра́довался при мы́сли, что уви́жу её сно́ва. Но, поду́мал я, ста́рый смотри́тель, мо́жет быть, уже́ сменён; вероя́тно Ду́ня уже́ за́мужем. Мысль о сме́рти того́ и́ли друго́го та́кже мелькну́ла в уме́ моём, и я приближа́лся к ста́нции*** с печа́льным предчу́вствием. Ло́шади ста́ли у почто́вого до́мика. Воше́д [3]) в ко́мнату, я тотча́с узна́л карти́нки, изобража́ющие исто́рию блу́дного

---

[1] See p. 10, n. 1.

[2] Obviously a quotation.

[3] See p. 31, n. 1.

сы́на; стол и крова́ть стоя́ли на пре́жних места́х; но на о́кнах уже́ не́ было цвето́в, и всё круго́м пока́зывало ве́тхость и небреже́ние. Смотри́тель спал под тулу́пом; мой прие́зд разбуди́л его́, он привста́л . . . Э́то был то́чно Симео́н Вы́рин; но как он постаре́л! Пока́мест собира́лся он переписа́ть мою́ подоро́жную, я смотре́л на его́ седину́, на глубо́кие морщи́ны давно́ небри́того лица́, на сго́рбленную спи́ну — и не мог надиви́ться, как три и́ли четы́ре го́да могли́ преврати́ть бо́дрого мужчи́ну в хи́лого старика́. «Узна́л ли ты меня́? — спроси́л я его́; — мы с тобо́ю ста́рые знако́мые». — «Мо́жет ста́ться, — отвеча́л он угрю́мо; — здесь доро́га больша́я; мно́го прое́зжих у меня́ перебыва́ло». — «Здоро́ва ли твоя́ Ду́ня?» продолжа́л я. Стари́к нахму́рился. «А Бог её зна́ет», [1]) отвеча́л он. — «Так ви́дно она́ за́мужем?» сказа́л я. Стари́к притвори́лся, бу́дто бы не слыха́л моего́ вопро́са, и продолжа́л по́шептом [2]) чита́ть мою́ подоро́жную. Я прекрати́л свой вопро́сы и веле́л поста́вить ча́йник. [3]) Любопы́тство начина́ло меня́ беспоко́ить, и я наде́ялся, что пунш разреши́т [4]) язы́к моего́ ста́рого знако́мца.

Я не оши́бся: стари́к не отказа́лся от предлага́емого стака́на. Я заме́тил, что ром проясни́л его́ угрю́мость. На второ́м стака́не сде́лался он разгово́рчив; вспо́мнил и́ли показа́л вид, бу́дто бы вспо́мнил меня́, и я узна́л от него́ по́весть, кото́рая в то вре́мя си́льно меня́ заняла́ и тро́нула.

---

[1] Бог её (его́, etc.) зна́ет has come to mean 'I don't know,' 'nobody knows,' 'one cannot tell.'

[2] Today, шо́потом.

[3] See p. 60, n. 4.

[4] Here разреши́ть is used with the ancient meaning of 'to solve,' 'to untie,' 'to deliver'; the modern meaning is 'to allow' (see p. 46, n. 4).

«Так вы зна́ли мою́ Ду́ню? — на́чал он. — Кто же и не знал её? Ах, Ду́ня, Ду́ня! Что за де́вка то была́! Быва́ло, кто ни прое́дет, вся́кий похва́лит, никто́ не осу́дит. Ба́рыни дари́ли её, та плато́чком, та серёжками. Господа́ прое́зжие наро́чно останавлива́лись, бу́дто бы пообе́дать, аль [1]) оту́жинать, а в са́мом де́ле [2]) то́лько, чтоб на неё подо́лее погляде́ть. Быва́ло ба́рин, како́й бы серди́тый ни́ был, при ней утиха́ет и ми́лостиво со мно́ю разгова́ривает. Пове́рите ль, су́дарь: курье́ры, фельдъегеря́ с не́ю по получа́су загова́ривались. Е́ю дом держа́лся; что прибра́ть, что пригото́вить, за всем успева́ла. А я то, ста́рый дура́к, не нагляжу́сь, быва́ло, не нара́дуюсь; уж я ли не люби́л мое́й Ду́ни, я ль не леле́ял моего́ дитя́ти; уж ей ли не́ было житьё? [3]) Да нет, от беды́ не отбожи́ться; что суждено́, тому́ не минова́ть». [4]) Тут он стал подро́бно расска́зывать мне своё го́ре. — Три го́да тому́ наза́д, одна́жды, в зи́мний ве́чер, когда́ смотри́тель разлинёвывал [5]) но́вую кни́гу, и дочь его́ за перегоро́дкой ши́ла себе́ пла́тье, тро́йка подъе́хала, и прое́зжий в черке́сской ша́пке, [6]) в вое́нной шине́ли, оку́танный ша́лью, вошёл в ко́мнату, тре́буя лошаде́й. Ло́шади все бы́ли в разго́не. При сем изве́стии путеше́ственник возвы́сил бы́ло го́лос и нага́йку; но Ду́ня, привы́кшая к таковы́м сце́нам, вы́бежала из-за перегоро́дки и

[1] See p. 35, n. 1.

[2] Today one would say на са́мом де́ле, ‘in fact,’ ‘in reality’; the expression в са́мом де́ле is used only in the sense of ‘truly,’ ‘indeed’ (cf. p. 78, l. 21, p. 79, l. 6–7).

[3] ‘Did she not have a happy life?’

[4] Two proverbs to show man’s impotence against unavoidable fatality.

[5] Today, разлино́вывал.

[6] ‘Circassian cap’: a large fur cap, synonymous with папа́ха.

ла́сково обрати́лась к прое́зжему с вопро́сом: не уго́дно ли бу́дет ему́ чего́-нибудь поку́шать? Появле́ние Ду́ни произвело́ обыкнове́нное своё де́йствие. Гнев прое́зжего прошёл; он согласи́лся ждать лошаде́й и заказа́л себе́ у́жин. Сняв мо́крую, косма́тую ша́пку, отпу́тав шаль и сдёрнув шине́ль, прое́зжий яви́лся молоды́м, стро́йным гуса́ром с чёрными у́сиками. Он расположи́лся у смотри́теля, на́чал ве́село разгова́ривать с ним и с его́ до́черью. По́дали у́жинать. Между тем ло́шади пришли́, и смотри́тель приказа́л, чтоб тотча́с, не кормя́, запряга́ли их в киби́тку прое́зжего; но возвратя́сь, нашёл он молодо́го челове́ка почти́ без па́мяти лежа́щего на ла́вке: ему́ сде́лалось ду́рно, голова́ разболе́лась, невозмо́жно бы́ло е́хать ... Как быть! смотри́тель уступи́л ему́ свою́ крова́ть, и поло́жено бы́ло, е́сли больно́му не бу́дет ле́гче, на друго́й день у́тром посла́ть в С*** за ле́карем.

На друго́й день гуса́ру ста́ло ху́же. Челове́к [1]) его́ пое́хал верхо́м в го́род за ле́карем. Ду́ня обвяза́ла ему́ го́лову платко́м, намо́ченным у́ксусом, и се́ла с свои́м шитьём у его́ крова́ти. Больно́й при смотри́теле о́хал и не говори́л почти́ ни сло́ва, одна́ко ж вы́пил две ча́шки ко́фе и о́хая заказа́л себе́ обе́д. Ду́ня от него́ не отходи́ла. Он помину́тно проси́л пить, и Ду́ня подноси́ла ему́ кру́жку е́ю загото́вленного лимона́да. Больно́й обма́кивал гу́бы, и вся́кий раз, возвраща́я кру́жку, в знак благода́рности, сла́бою свое́ю руко́ю пожима́л Ду́нюшкину [2]) ру́ку. К обе́ду прие́хал ле́карь. Он пощу́пал пульс больно́го, поговори́л с ним по-неме́цки, и по-ру́сски объяви́л, что

---

[1] 'Servant,' 'valet,' 'footman' (see p. 29, n. 1).

[2] Ду́нюшка is a diminutive of Ду́ня, which itself is a familiar form of Авдо́тья (cf. p. 60, n. 3).

ему́ ну́жно одно́ споко́йствие и что дня через два ему́ мо́жно бу́дет отпра́виться в доро́гу. Гуса́р вручи́л ему́ два́дцать пять рубле́й за визи́т, пригласи́л его́ отобе́дать; ле́карь согласи́лся; о́ба е́ли с больши́м аппети́том, вы́пили буты́лку вина́ и расста́лись о́чень дово́льны друг дру́гом.

Прошёл ещё день, и гуса́р совсе́м оживи́лся. Он был чрезвыча́йно ве́сел, без у́молку шути́л то с Ду́нею, то с смотри́телем, насви́стывал пе́сни, разгова́ривал с прое́зжими, впи́сывал их подоро́жные в почто́вую кни́гу, и так полюби́лся до́брому смотри́телю, что на тре́тье у́тро жаль бы́ло ему́ расста́ться с любе́зным свои́м постоя́льцем. День был воскре́сный; Ду́ня собира́лась к обе́дне. Гуса́ру по́дали киби́тку. Он прости́лся с смотри́телем, ще́дро награди́в его́ за посто́й и угоще́ние; прости́лся и с Ду́нею и вы́звался довезти́ её до це́ркви, кото́рая находи́лась на краю́ дере́вни. Ду́ня стоя́ла в недоуме́нии ... «Чего́ же ты бои́шься? — сказа́л ей оте́ц; — ведь его высокоблагоро́дие [1]) не волк и тебя́ не съест; проката́сь-ка до це́ркви». Ду́ня се́ла в киби́тку подле гуса́ра, слуга́ вскочи́л на облучо́к, ямщи́к сви́стнул, и ло́шади поскака́ли.

Бе́дный смотри́тель не понима́л, каки́м о́бразом мог он сам позво́лить свое́й Ду́не е́хать вме́сте с гуса́ром, как нашло́ на него́ ослепле́ние, и что тогда́ бы́ло с его́ ра́зумом. Не прошло́ и получа́са, как се́рдце его́

---

[1] 'Most honourable,' modelled on the German *Hochwohlgeboren*. This title was actually only due to officers from the eighth to the sixth class, i.e. for military ranks from that of major to that of colonel. The Postmaster gives this title deferentially to the young hussar, who, being a cavalry captain (ро́тмистр), would have been entitled only to the address благоро́дие. But it was in fact customary to bestow a higher title as a form of politeness.

на́чало ныть, ныть, и беспоко́йство овладе́ло им до тако́й сте́пени, что он не утерпе́л и пошёл сам к обе́дне. Подходя́ к це́ркви, уви́дел он, что наро́д уже́ расходи́лся, но Ду́ни не́ было ни в огра́де, ни на па́перти. Он поспе́шно вошёл в це́рковь: свяще́нник выходи́л из алтаря́; дьячо́к гаси́л све́чи, две стару́шки моли́лись ещё в углу́; но Ду́ни в це́ркви не́ было. Бе́дный оте́ц наси́лу реши́лся спроси́ть у дьячка́, была́ ли она́ у обе́дни. Дьячо́к отвеча́л, что не быва́ла. Смотри́тель пошёл домо́й ни жив, ни мёртв. [1]) Одна́ остава́лась ему́ наде́жда: Ду́ня по ве́трености молоды́х лет взду́мала, мо́жет быть, прокати́ться до сле́дующей ста́нции, где жила́ её крёстная мать. В мучи́тельном волне́нии ожида́л он возвраще́ния тро́йки, на кото́рой он отпусти́л её. Ямщи́к не возвраща́лся. Наконе́ц к ве́черу прие́хал он оди́н и хмелён, с убийственным изве́стием: «Ду́ня с той ста́нции отпра́вилась да́лее с гуса́ром».

Стари́к не снёс своего́ несча́стия; он тут же слёг в ту са́мую посте́ль, где накану́не лежа́л молодо́й обма́нщик. Тепе́рь смотри́тель, соображая все обстоя́тельства, дога́дывался, что боле́знь была́ притво́рная. Бедня́к занемо́г си́льной горя́чкою; его свезли́ в С*** и на его́ ме́сто определи́ли на вре́мя друго́го. Тот же ле́карь, кото́рый приезжа́л к гуса́ру, лечи́л и его́. Он уве́рил смотри́теля, что молодо́й челове́к был совсе́м здоро́в, и что тогда́ ещё дога́дывался он о его́ зло́бном наме́рении, но молча́л, опаса́ясь его́ нага́йки. Пра́вду ли говори́л не́мец, и́ли то́лько жела́л похва́статься дальнови́дностию, но он ни ма́ло тем не уте́шил бе́дного больно́го. Едва́ опра́вясь от боле́зни, смотри́тель вы́просил у С*** почтме́йстера [2]) о́тпуск на

[1] A common expression: 'more dead than alive.'
[2] In former times the head of a post office.

два ме́сяца и, не сказа́в никому́ ни сло́ва о своём наме́рении, пешко́м отпра́вился за свое́ю до́черью. Из подоро́жной знал он, что ро́тмистр Ми́нский е́хал из Смоле́нска в Петербу́рг. Ямщи́к, кото́рый вёз его́, ска́зывал, что во всю доро́гу Ду́ня пла́кала, хотя́, каза́лось, е́хала по свое́й охо́те. «Аво́сь, — ду́мал смотри́тель, — приведу́ я домо́й заблу́дшую ове́чку мою́». С э́той мы́слию при́был он в Петербу́рг, останови́лся в Изма́йловском полку́, [1]) в до́ме отставно́го у́нтер-офице́ра, своего́ ста́рого сослужи́вца, и на́чал свои́ по́иски. Вско́ре узна́л он, что ро́тмистр Ми́нский в Петербу́рге и живёт в Де́мутовом тракти́ре. [2]) Смотри́тель реши́лся к нему́ яви́ться.

Ра́но у́тром пришёл он в его́ пере́днюю и проси́л доложи́ть его́ высокоблагоро́дию, что ста́рый солда́т про́сит с ним уви́деться. Вое́нный лаке́й, чи́стя сапо́г на коло́дке, объяви́л, что ба́рин почива́ет и что пре́жде оди́ннадцати часо́в не принима́ет никого́. Смотри́тель ушёл и возврати́лся в назна́ченное вре́мя. Ми́нский вы́шел сам к нему́ в хала́те, в кра́сной скуфье́. [3]) «Что,

---

[1] The district situated between the streets Забалка́нский and Изма́йловский (проспе́кты) was generally called Изма́йловский полк because of the regiment of the Izmailovski Guards, whose barracks stretched along the Изма́йловский проспе́кт. The transverse streets which began near the barracks were called ро́ты ('companies') and were all given an order number.

[2] A well-known hotel in St. Petersburg, founded by Phillip-Jakob Demut from Strasbourg (1750-1802) and situated between the Мо́йка and the Коню́шенная street. Very fashionable at the beginning of the nineteenth century, this hotel was used by the best society. Pushkin himself often stayed there. Balzac mentions it in his *Lettres à l'étrangère* (Paris, 1906, Vol. II, p. 177). Today the word тракти́р means only an inn or a public-house for the people.

[3] 'Calotte,' 'skull-cap'; the diminutive скуфе́йка is more common.

брат, тебе на́добно?» спроси́л он его́. Се́рдце старика́ закипе́ло, слёзы наверну́лись на глаза́х, и он дрожа́щим го́лосом произнёс то́лько: «Ва́ше высокоблагоро́дие!... сде́лайте таку́ю Бо́жескую ми́лость!...» Ми́нский взгляну́л на него́ бы́стро, вспы́хнул, взял его́ за́ руку, повёл в кабине́т и за́пер за собо́ю дверь. «Ва́ше высокоблагоро́дие! — продолжа́л стари́к, — что с во́зу упа́ло, то пропа́ло;[1] отда́йте мне, по кра́йней ме́ре, бе́дную мою Ду́ню. Ведь вы нате́шились е́ю; не погуби́те ж её понапра́сну». — «Что сде́лано, того́ не воро́тишь, — сказа́л молодо́й челове́к в кра́йнем замеша́тельстве; — винова́т перед тобо́ю и рад проси́ть у тебя́ проще́ния; но не ду́май, чтоб я Ду́ню мог поки́нуть; она́ бу́дет сча́стлива, даю́ тебе́ че́стное сло́во. Заче́м тебе́ её? Она́ меня́ лю́бит; она́ отвы́кла от пре́жнего своего́ состоя́ния. Ни ты, ни она́ — вы не забу́дете того́, что случи́лось». Пото́м, су́нув ему́ что́-то за рука́в, он отвори́л дверь, и смотри́тель, сам не по́мня как, очути́лся на у́лице.

До́лго стоя́л он неподви́жно, наконе́ц уви́дел за обшлаго́м своего́ рукава́ свёрток бума́г; он вы́нул их и разверну́л не́сколько пятидесятирублёвых смя́тых ассигна́ций. Слёзы опя́ть наверну́лись на глаза́х его́, слёзы негодова́ния! Он сжал бума́жки в комо́к, бро́сил их на́ земь, притопта́л каблуко́м и пошёл ... Отоше́д[2]) не́сколько шаго́в, он останови́лся, поду́мал ... и вороти́лся ... но ассигна́ций уже́ не́ было. Хорошо́ оде́тый молодо́й челове́к, уви́дя его́, подбежа́л к изво́зчику, сел поспе́шно и закрича́л: «Пошёл! ...»[3]) Смотри́тель за ним не погна́лся. Он реши́лся отпра́виться домо́й на свою́ ста́нцию, но пре́жде хоте́л хоть раз

---

[1] Russian proverb: 'What has fallen from the [loaded] cart is lost.'

[2] See p. 31, n. 1.

[3] See p. 44, n. 1.

ещё уви́деть бе́дную свою́ Ду́ню. Для сего́, дня через два, вороти́лся он к Ми́нскому; но вое́нный лаке́й сказа́л ему́ суро́во, что ба́рин никого́ не принима́ет, гру́дью вы́теснил его́ из пере́дней и хло́пнул две́ри ему́ под нос. Смотри́тель постоя́л, постоя́л — да и пошёл.

В э́тот са́мый день, ве́чером, шёл он по Лите́йной, [1]) отслужи́в моле́бен у Всех Скорбя́щих. [2]) Вдруг промча́лись перед ним щегольски́е дро́жки, и смотри́тель узна́л Ми́нского. Дро́жки останови́лись перед трёхэта́жным до́мом, у са́мого подъе́зда, и гуса́р вбежа́л на крыльцо́. Счастли́вая мысль мелькну́ла в голове́ смотри́теля. Он вороти́лся и, поровня́вшись с ку́чером: — «Чья, брат, ло́шадь? — спроси́л он, — не Ми́нского ли?» — «То́чно так, — отвеча́л ку́чер, — а что тебе́?» — «Да вот что: ба́рин твой приказа́л мне отнести́ к его Ду́не запи́сочку, а я и позабу́дь, [3]) где Ду́ня-то его́ живёт». — «Да вот здесь, во второ́м этаже́. Опозда́л ты, брат, с твое́й запи́ской; тепе́рь уж он сам у неё». — «Ну́жды нет, [4]) — возрази́л смотри́тель с неизъясни́мым движе́нием се́рдца, — спаси́бо, что надоу́мил, а я своё де́ло сде́лаю». И с э́тим сло́вом пошёл он по ле́стнице.

Две́ри бы́ли за́перты; он позвони́л, прошло́ не́сколько секу́нд в тя́гостном для него́ ожида́нии. Ключ загреме́л, ему́ отвори́ли. «Здесь стои́т Авдо́тья Симео́новна?» [5]) спроси́л он. «Здесь, — отвеча́ла молода́я

---

[1] A street in St. Petersburg.

[2] Meaning у Бо́жьей Ма́тери Всех Скорбя́щих, 'Our Lady of Sorrows,' a famous icon for which a church had been built in St. Petersburg.

[3] The imperative is used with the meaning of a preterite to describe a sudden action, generally rash and unjustified.

[4] In the singular, нужда́ is accented on the final syllable, except in the expression ну́жды нет, 'no matter what.'

[5] Стоя́ть can have the meaning 'to reside' (in a hotel or in rooms); for the name Авдо́тья, see p. 60, n. 3.

служа́нка; — заче́м тебе́ её на́добно?» Смотри́тель не отвеча́я вошёл в за́лу. «Нельзя́, нельзя́! — закрича́ла вслед ему́ служа́нка; — у Авдо́тьи Симео́новны го́сти». Но смотри́тель, не слу́шая, шёл да́лее. Две пе́рвые ко́мнаты бы́ли темны́, в тре́тьей был ого́нь. Он подошёл к раство́ренной две́ри и останови́лся. В ко́мнате, прекра́сно у́бранной, Ми́нский сиде́л в заду́мчивости. Ду́ня, оде́тая со все́ю ро́скошью мо́ды, сиде́ла на ру́чке его́ кре́сел, как нае́здница на своём англи́йском седле́. [1]) Она́ с не́жностью смотре́ла на Ми́нского, нама́тывая чёрные его́ ку́дри на свои́ сверка́ющие па́льцы. Бе́дный смотри́тель! Никогда́ дочь его́ не каза́лась ему́ столь прекра́сною; он понево́ле е́ю любова́лся. «Кто там?» спроси́ла она́, не поднима́я головы́. Он всё молча́л. Не получа́я отве́та, Ду́ня подняла́ го́лову ... и с кри́ком упа́ла на ковёр. Испу́ганный Ми́нский ки́нулся её поднима́ть, и вдруг уви́дя в дверя́х ста́рого смотри́теля, оста́вил Ду́ню и подошёл к нему́, дрожа́ от гне́ва. «Чего́ тебе́ на́добно? — сказа́л он ему́, сти́снув зу́бы; — что ты за мно́ю всю́ду крадёшься, как разбо́йник? и́ли хо́чешь меня́ заре́зать? Пошёл вон!» и си́льной руко́ю схвати́в старика́ за во́рот, вы́толкнул его́ на ле́стницу.

Стари́к пришёл к себе́ на кварти́ру. Прия́тель его́ сове́товал ему́ жа́ловаться; но смотри́тель поду́мал, махну́л руко́й [2]) и реши́лся отступи́ться. Через два дня отпра́вился он из Петербу́рга обра́тно на свою́ ста́нцию и опя́ть принялся́ за свою́ до́лжность. «Вот уже́

---

[1] This sentence is curiously similar to a passage in Balzac's *Physiologie du mariage*, which appeared in 1829, one year before 'The Stationmaster' was written: 'J'aperçus une jolie dame assise sur le bras d'un fauteuil comme si elle eût monté un cheval anglais' (Méditation X). For the plural of кре́сла, see p. 31, n. 2.

[2] In a figurative sense: 'to give up,' 'to renounce.'

тре́тий год, — заключи́л он, — как живу́ я без Ду́ни, и как об ней нет ни слу́ху, ни ду́ху. [1]) Жива́ ли, нет ли, Бог её ве́дает. [2]) Вся́ко случа́ется. Не её пе́рвую, не её после́днюю смани́л прое́зжий пове́са, а там [3]) подержа́л, да и бро́сил. Мно́го их в Петербу́рге, моло́деньких дур, сего́дня в атла́се да ба́рхате, а за́втра, погляди́шь, мету́т у́лицу вме́сте с го́лью каба́цкою. [4]) Как поду́маешь поро́ю, что и Ду́ня, мо́жет быть, тут же пропада́ет, так понево́ле согреши́шь да пожела́ешь ей моги́лы ... ».

Тако́в был расска́з прия́теля моего́, ста́рого смотри́теля, расска́з неоднокра́тно прерыва́емый слеза́ми, кото́рые живопи́сно отира́л он свое́ю поло́ю, как усе́рдный Тере́нтьич в прекра́сной балла́де Дми́триева. [5]) Слёзы сии́ отча́сти возбужда́емы бы́ли пу́ншем, ко́его вы́тянул [6]) он пять стака́нов в продолже́ние своего́ повествова́ния; но как бы то ни́ было, они́ си́льно тро́нули моё се́рдце. С ним расста́вшись, до́лго не мог я забы́ть ста́рого смотри́теля, до́лго ду́мал я о бе́дной Ду́не ...

Неда́вно ещё, проезжа́я через месте́чко ***, вспо́мнил я о моём прия́теле; я узна́л, что ста́нция, над кото́рой он нача́льствовал, уже́ уничто́жена. На вопро́с мой: «Жив ли ста́рый смотри́тель?» никто́ не мог дать мне удовлетвори́тельного отве́та. Я

---

[1] 'Nobody has seen or heard anything of her.'

[2] The same meaning as Бог её зна́ет (see p. 63, n. 1), but expressed with less force.

[3] In colloquial language, там can have the meaning of пото́м, 'afterwards,' 'then.'

[4] Голь каба́цкая, who loiter in public-houses (кабаки́); мету́т у́лицу, 'sweep the street' with the hem of their skirts, 'walk the street.'

[5] This refers to the ballad Карикату́ра by I. I. Dmitriyev (1760-1837).

[6] Тяну́ть, вы́тянуть can mean 'to drink slowly.'

реши́лся посети́ть знако́мую сто́рону, взял во́льных лошаде́й [1]) и пусти́лся в село́ Н.

Э́то случи́лось о́сенью. Се́ренькие ту́чи покрыва́ли не́бо; холо́дный ве́тер дул с пожа́тых поле́й, унося́ кра́сные и жёлтые ли́стья со встре́чных дере́вьев. Я прие́хал в село́ при зака́те со́лнца и останови́лся у почто́вого до́мика. В се́ни (где не́когда поцелова́ла меня́ бе́дная Ду́ня) вы́шла то́лстая ба́ба, и на вопро́сы мои́ отвеча́ла, что ста́рый смотри́тель с год как по́мер, что в до́ме его́ посели́лся пивова́р, а что она́ жена́ пивова́рова. Мне ста́ло жаль мое́й напра́сной пое́здки и семи́ рубле́й, изде́ржанных да́ром. — «От чего́ ж он у́мер?» спроси́л я пивова́рову жену́. — «Спился́, ба́тюшка», [2]) отвеча́ла она́. — «А где его́ похорони́ли?» — «За око́лицей, подле поко́йной хозя́йки его́». — «Нельзя́ ли довести́ меня́ до его́ моги́лы?» — «Почему́ же нельзя́. Эй, Ва́нька! [3]) По́лно тебе́ с ко́шкою вози́ться. Проводи́-ка ба́рина на кла́дбище да укажи́ ему́ смотри́телеву моги́лу».

При сих слова́х обо́рванный ма́льчик, ры́жий и криво́й, вы́бежал ко мне и тотча́с повёл меня́ за око́лицу.

— Знал ты поко́йника? спроси́л я его́ доро́гой.

— Как не знать! Он вы́учил меня́ ду́дочки выре́зывать. Быва́ло (ца́рство ему́ небе́сное! [4]) идёт из кабака́, а мы-то за ним: «Де́душка, де́душка! оре́шков!» — а он нас оре́шками и наделя́ет. Всё быва́ло с на́ми во́зится.

---

[1] Во́льные ло́шади: 'horses privately owned,' as distinguished from казённые ло́шади: 'horses belonging to the State,' for instance coach horses.

[2] See p. 51, n. 2.

[3] Diminutive of Ива́н, with a slight sense of disdain.

[4] 'May he inherit the kingdom of Heaven,' i.e. 'God keep his soul,' a popular expression commonly used when mentioning somebody who has died, especially when referring to him or her for the first time.

— А проéзжие вспоминáют ли его́?

— Да ны́не мáло проéзжих; рáзве заседáтель [1]) завернёт, да тому́ не до мёртвых. [2]) Вот лéтом проезжáла бáрыня, так та спрáшивала о стáром смотри́теле и ходи́ла к нему́ на моги́лу.

— Какáя бáрыня? спроси́л я с любопы́тством.

— Прекрáсная бáрыня, — отвечáл мальчи́шка; — éхала онá в карéте в шесть лошадéй, с тремя́ мáленькими барчáтами [3]) и с корми́лицей, и с чёрной мо́ською; и как ей сказáли, что стáрый смотри́тель у́мер, так онá заплáкала и сказáла дéтям: «Сиди́те сми́рно, а я схожу́ на клáдбище». А я бы́ло вы́звался довести́ её. А бáрыня сказáла: «Я самá доро́гу знáю». И далá мне пятáк серебро́м [4]) — такáя до́брая бáрыня! ...

Мы пришли́ на клáдбище, го́лое мéсто, ничéм не ограждённое, усéянное деревя́нными крестáми, не осенёнными ни еди́ным деревцо́м. О́троду не видáл я тако́го печáльного клáдбища.

— Вот моги́ла стáрого смотри́теля, — сказáл мне мáльчик, вспры́гнув на гру́ду песку́, в кото́рую вры́т был чёрный крест с мéдным о́бразом.

— И бáрыня приходи́ла сюдá? — спроси́л я.

— Приходи́ла, — отвечáл Вáнька; — я смотрéл на

---

[1] See p. 28, n. 6; рáзве is here used in the sense of 'perhaps.'

[2] 'But he does not worry over the dead' (see also p. 12, n. 3, and p. 18, n. 2).

[3] Барчёнок, plural барчáта; 'son of a бáрин,' popular expression.

[4] In Pushkin's day, banknotes (ассигнáции) were considerably depreciated in comparison with silver, which was the standard basis of the currency. Therefore in all transactions it was necessary to specify whether the amount was reckoned in notes or in money. Five silver kopeks (пятáк серебро́м) were worth 20 or 25 paper kopeks (ассигнáциями), the ratio varying from 1 to 4 or 5.

неё и́здали. Она́ легла́ здесь и лежа́ла до́лго. А там [1]) ба́рыня пошла́ в село́ и призвала́ попа́, дала́ ему́ де́нег и пое́хала, а мне дала́ пята́к серебро́м — сла́вная ба́рыня!

И я дал мальчи́шке пятачо́к и не жале́л уже́ ни о пое́здке, ни о семи́ рубля́х, мно́ю истра́ченных.

---

[1] See p. 72, n. 3.

БА́РЫШНЯ КРЕСТЬЯ́НКА

Во всех ты, Ду́шенька, наря́дах хороша́.
Богдано́вич. [1])

В одно́й из отдалённых на́ших губе́рний находи́лось име́ние Ива́на Петро́вича Бе́рестова. В мо́лодости свое́й служи́л он в гва́рдии, вы́шел в отста́вку в нача́ле 1797 го́да, [2]) уе́хал в свою́ дере́вню и с тех пор отту́да не выезжа́л. Он был жена́т на бе́дной дворя́нке, кото́рая умерла́ в рода́х, в то вре́мя, как он находи́лся в отъе́зжем по́ле. [3]) Хозя́йственные упражне́ния ско́ро его́ уте́шили. Он вы́строил дом по со́бственному пла́ну, завёл у себя́ суко́нную фа́брику, утро́ил дохо́ды и стал почита́ть себя́ умне́йшим челове́ком во всём около́дке, в чём и не прекосло́вили ему́ сосе́ды, [4]) приезжа́вшие к нему́ гости́ть с свои́ми семе́йствами и соба́ками. В бу́дни ходи́л он в пли́совой ку́ртке, по пра́здникам надева́л серту́к [5]) из сукна́

---

[1] The quotation is from the comic poem Ду́шенька by I. F. Bogdanovich (1743-1803). As her name indicates, the heroine of the poem is a russified Psyche. The line quoted by Pushkin has become a common saying.

[2] Berestov, therefore, belonged to those officers, a fairly large number, who did not hold with the reorganisation of the army undertaken by Paul I and had left the service in 1797 (cf. p. 4, n. 1, and p. 47, n. 1).

[3] Originally the words отъе́зжее по́ле meant a hunting expedition which involved leaving home for some time; later this expression came to be applied to a distant property, mainly a hunting-ground where one stayed for the sport.

[4] See p. 20, n. 1.

[5] See p. 10, n. 1.

дома́шней рабо́ты; сам запи́сывал расхо́д и ничего́ не чита́л, кроме Сена́тских Ведомосте́й. [1]) Вообще́ его́ люби́ли, хотя́ и почита́ли го́рдым. Не ла́дил с ним оди́н Григо́рий Ива́нович Му́ромский, ближа́йший его́ сосе́д. Э́тот был настоя́щий ру́сский ба́рин. Промота́в в Москве́ бо́льшую часть име́ния своего́, и на ту по́ру овдове́в, уе́хал он в после́днюю свою́ дере́вню, где продолжа́л прока́зничать, но уже́ в но́вом ро́де. Развёл он англи́йский сад, на кото́рый тра́тил почти́ все остальны́е дохо́ды. Ко́нюхи его́ бы́ли оде́ты англи́йскими жоке́ями. У до́чери его́ была́ мада́м [2]) англича́нка. Поля́ свои́ обраба́тывал он по англи́йской мето́де;

Но на чужо́й мане́р хлеб ру́сский не роди́тся, [3])

и несмотря́ на значи́тельное уменьше́ние расхо́дов, дохо́ды Григо́рья Ива́новича не прибавля́лись; он и в дере́вне находи́л спо́соб входи́ть в но́вые долги́; со всем тем почита́лся челове́ком не глу́пым, и́бо пе́рвый из поме́щиков свое́й губе́рнии догада́лся заложи́ть име́ние в Опеку́нский Сове́т: [4]) оборо́т, каза́вшийся в то вре́мя чрезвыча́йно сло́жным и сме́лым. Из люде́й, осужда́вших его́, Бе́рестов отзыва́лся стро́же всех. Не́нависть к нововведе́ниям была́ отличи́тельная черта́ его́ хара́ктера. Он не мог равноду́шно говори́ть

---

[1] The *Senate Gazette*, a weekly publication, a kind of official government gazette.

[2] Among the numerous meanings attached to the word *madame*, in Pushkin's time, that of 'governess' was the most frequent (cf. further on, мада́м мисс Жа́ксон).

[3] A line, slightly modified, from the poem Сати́ра by Prince A. A. Shakhovskoy (1777-1846).

[4] A State institution which was concerned with the protection of widows, orphans, and illegitimate children and which also undertook financial transactions like mortgages, etc.

об англома́нии своего́ сосе́да и помину́тно находи́л слу́чай его́ критикова́ть. Пока́зывал ли го́стю свои́ владе́ния, в отве́т на похвалы́ его́ хозя́йственным распоряже́ниям: «Да-с! [1]) — говори́л он с лука́вой усме́шкою: — у меня́ не то, что у сосе́да Григо́рья Ива́новича. Куда́ нам по-англи́йски разоря́ться? [2]) Бы́ли бы мы по-ру́сски хоть сы́ты». Си́и и подо́бные шу́тки, по усе́рдию сосе́дов, доводи́мы бы́ли до све́дения Григо́рья Ива́новича с дополне́нием и объясне́ниями. Англома́н выноси́л кри́тику столь же нетерпели́во, как и на́ши журнали́сты. Он беси́лся и прозва́л своего́ зойла медве́дем и провинциа́лом.

Таковы́ бы́ли сноше́ния ме́жду си́ми двумя́ владе́льцами, как сын Бе́рестова прие́хал к нему́ в дере́вню. Он был воспи́тан в *** университе́те и намерева́лся вступи́ть в вое́нную слу́жбу, но оте́ц на то не соглаша́лся. К ста́тской слу́жбе [3]) молодо́й челове́к чу́вствовал себя́ соверше́нно неспосо́бным. Они́ друг дру́гу не уступа́ли, и молодо́й Алексе́й стал жить пока́мест ба́рином, отпусти́в усы́ на вся́кий слу́чай. [4])

Алексе́й был, в са́мом де́ле, молоде́ц. Пра́во бы́ло бы жаль, е́сли бы его́ стро́йного ста́на никогда́ не стя́гивал вое́нный мунди́р, и е́сли бы он, вме́сто того́, чтоб рисова́ться на коне́, провёл свою́ мо́лодость, согну́вшись над канцеля́рскими бума́гами. Смотря́,

---

[1] See p. 61, n. 1.

[2] 'We are not the kind of people who get ruined in the English fashion'; куда́ or где, followed by the dative for the person indicated and by an infinitive (sometimes implied), expresses the impossibility of doing something, with a tinge of inferiority or modesty which is often assumed. 'How could we ever (presume to) ruin ourselves as the English do?'

[3] 'Civil service'; later, гражда́нская слу́жба.

[4] To be able, if required, to join straightway a regiment of hussars, in which it was compulsory to wear a moustache (see also p. 100, l. 17).

как он на охо́те скака́л всегда́ пе́рвый, не разбира́я доро́ги, сосе́ды говори́ли согла́сно, что из него́ никогда́ не вы́йдет пу́тного столонача́льника. [1]) Ба́рышни погля́дывали на него́, а иногда́ и загля́дывались; но Алексе́й ма́ло и́ми занима́лся, а они́ причи́ной его́ нечувстви́тельности полага́ли любо́вную связь. В са́мом де́ле, ходи́л по рука́м спи́сок с а́дреса одного́ из его́ пи́сем: *Акули́не Петро́вне Ку́рочкиной, в Москве́, напро́тив Алексе́евского монастыря́, в до́ме ме́дника Саве́льева, а вас поко́рнейше прошу́ доста́вить письмо́ сие́ А. Н. Р.*

Те из мои́х чита́телей, кото́рые не жива́ли в деревня́х, не мо́гут себе́ вообрази́ть, что за пре́лесть э́ти уе́здные ба́рышни! Воспи́танные на чи́стом во́здухе, в тени́ свои́х садо́вых я́блонь, они́ зна́ние све́та и жи́зни почерпа́ют из кни́жек. Уедине́ние, свобо́да и чте́ние ра́но в них развива́ют чу́вства и стра́сти, неизве́стные рассе́янным на́шим краса́вицам. Для ба́рышни звон колоко́льчика есть уже́ приключе́ние, [2]) пое́здка в бли́жний го́род полага́ется эпо́хою в жи́зни, и посеще́ние го́стя оставля́ет до́лгое, иногда́ и ве́чное воспомина́ние. Коне́чно, вся́кому вольно́ смея́ться над не́которыми их стра́нностями; но шу́тки пове́рхностного наблюда́теля не мо́гут уничто́жить их суще́ственных досто́инств, из ко́их гла́вное: *осо́бенность хара́ктера, самобы́тность* (individualité), без чего́, по мне́нию Жан-По́ля, не существу́ет и челове́ческого вели́чия. [3]) В столи́цах же́нщины получа́ют,

---

[1] The head of an office in the old Russian administration.

[2] Because the jingle of bells, which are part and parcel of every harness in Russia, means either an outing with the carriage or the arrival of visitors.

[3] The word самобы́тность was then too recent in Russian for Pushkin to use it without supplying its French equivalent. He had just been reading the *Pensées de Jean Paul*

мо́жет быть, лу́чшее образова́ние; но на́вык све́та скоро сгла́живает хара́ктер и де́лает ду́ши столь же однообра́зными, как и головны́е убо́ры. Сие́ да бу́дет ска́зано не в суд и не во осужде́ние, [1]) одна́ко ж Nota nostra manet, [2]) как пи́шет оди́н стари́нный коммента́тор.

Легко́ вообрази́ть, како́е впечатле́ние Алексе́й до́лжен был произвести́ в кругу́ на́ших ба́рышень. Он пе́рвый перед ни́ми яви́лся мра́чным и разочаро́ванным, пе́рвый говори́л им об утра́ченных ра́достях и об увя́дшей свое́й ю́ности; сверх того́ носи́л он чёрное кольцо́ с изображе́нием мёртвой головы́. [3]) Всё это бы́ло чрезвыча́йно но́во в той губе́рнии. Ба́рышни сходи́ли по нём с ума́.

Но всех бо́лее занята́ была́ им дочь англома́на моего́, Ли́за (или Бе́тси, [4]) как звал её обыкнове́нно Григо́рий Ива́нович). Отцы́ друг ко дру́гу не е́здили, она́ Алексе́я ещё не вида́ла, между тем как все молоды́е сосе́дки то́лько об нём и говори́ли. Ей бы́ло семна́дцать лет. Чёрные глаза́ оживля́ли её сму́глое и о́чень

---

extraites de tous ses ouvrages (Paris, 1829), which was given him as a present in Moscow in August 1830. Here is the passage in question: 'Respectez l'individualité dans l'homme; elle est la racine de tout ce qu'il a de bien.'

[1] Не в суд и не во осужде́ние: words quoted from the prayer said before Communion in the Orthodox liturgy.

[2] 'We keep to our interpretation.'

[3] Today this expression, from the French *tête de mort*, is substituted by the word че́реп (literally 'skull'), and the name мёртвая голова́ is used only for the moth known as the death's head moth.

[4] Ли́за is a diminutive of Елизаве́та, of which Лизаве́та is the popular form and was, in Pushkin's time, also that of the ordinary spoken language. The English Бе́тси ('Betsy') is here used in accordance with English habits adopted by Muromski.

прия́тное лицо́. Она́ была́ еди́нственное и сле́дственно бало́ванное дитя́. Её ре́звость и помину́тные прока́зы восхища́ли отца́ и приводи́ли в отча́янье её мада́м, мисс Жа́ксон, [1]) сорокале́тнюю чо́порную деви́цу, кото́рая бели́лась и сурьми́ла [2]) себе́ бро́ви, два ра́за в год перечи́тывала Паме́лу, [3]) получа́ла за то две ты́сячи рубле́й, и умира́ла со ску́ки в э́той ва́рварской Росси́и.

За Ли́зою ходи́ла На́стя; [4]) она́ была́ поста́рше, но столь же ве́трена, как и её ба́рышня. Ли́за о́чень люби́ла её, открыва́ла ей свои́ та́йны, вме́сте с не́ю обду́мывала свои́ зате́и; сло́вом, На́стя была́ в селе́ Прилу́чине лицо́м гора́здо бо́лее значи́тельным, не́жели люба́я напе́рсница во францу́зской траге́дии.

— Позво́льте мне сего́дня пойти́ в го́сти, — сказа́ла одна́жды На́стя, одева́я ба́рышню.

— Изво́ль; а куда́?

— В Туги́лово, к Бе́рестовым. По́варова жена́ у них имени́нница, и вчера́ приходи́ла звать нас отобе́дать.

— Вот! — сказа́ла Ли́за, — господа́ в ссо́ре, а слу́ги друг дру́га угоща́ют.

— А нам како́е де́ло до госпо́д! — возрази́ла На́стя; — к то́му же я ва́ша, а не па́пенькина. [5]) Вы

---

[1] See p. 77, n. 2. Pushkin pronounces the surname Jackson in the French manner, which is natural at his time; the modern transcription would be Джэ́ксон.

[2] Сурьми́ть: 'to darken her hair or eyebrows.' The black dye which was used for this was made with antimony: сурьма́, 'stibine.'

[3] *Pamela, or Virtue Rewarded*, the well-known novel by Samuel Richardson (1689-1761).

[4] A diminutive of Анастаси́я, of which the popular and current form is Наста́сья; the form На́стенька (see p. 87) is a diminutive denoting affection and tenderness.

[5] Adjective derived from па́пенька, diminutive of па́па. Nastya uses this form in deference to her mistress's father.

ведь не бранились ещё с молодым Берестовым; а старики пускай себе дерутся, коли [1]) им это весело.

— Постарайся, Настя, увидеть Алексея Берестова, да расскажи мне хорошенько, каков он собою и что он за человек.

Настя обещалась, а Лиза с нетерпением ожидала целый день её возвращения. Вечером Настя явилась. «Ну, Лизавета Григорьевна, — сказала она, входя в комнату, — видела молодого Берестова; наглядéлась довольно; целый день были вместе».

— Как это? Расскажи, расскажи по порядку.

— Извольте-с: пошли мы, я, Анисья Егоровна, Ненила, Дунька ... [2])

— Хорошо, знаю. Ну, потом.

— Позвольте-с, расскажу всё по порядку. Вот пришли мы к самому обеду. Комната полна была народу. Были колбинские, захарьевские, приказчица с дочерьми, хлупинские ... [3])

— Ну! а Берестов?

— Погодите-с. Вот мы сели за стол, приказчица на первом месте, я подле неё ... а дочери и надулись, да мне наплевать на них ... [4])

— Ах, Настя, как ты скучна с вечными своими подробностями!

— Да как же вы нетерпеливы! Ну вот вышли мы из-за стола ... а сидели мы часа три и обед был славный; пирожное блан-манже синее, красное и

---

[1] See p. 56, n. 9.

[2] Егóр is the popular form of Геóргий, 'George'; Ненила that of Неонила; Дýнька is the familiar form of the diminutive Дýня (for this name see p. 60, n. 3). All these names, including Анисья, are typical peasant names.

[3] I.e. people from Кóлбино, from Захáрьево, from Хлýпино.

[4] Мне наплевáть (from плевáть), 'to spit upon,' is a vulgar expression equivalent to 'I don't care a hang.'

полоса́тое ... Вот вы́шли мы из-за стола́ и пошли́ в сад игра́ть в горе́лки,[1]) а молодо́й ба́рин тут и яви́лся.

— Ну что ж? Пра́вда ли, что он так хоро́ш собо́ю?

— Удиви́тельно хоро́ш, краса́вец, мо́жно сказа́ть. Стро́йный, высо́кий, румя́нец во всю щёку ...

— Пра́во? А я так ду́мала, что у него́ лицо́ бле́дное. Что же? Како́в он тебе́ показа́лся? Печа́лен, заду́мчив?

— Что вы? Да э́такого бе́шеного я и сро́ду не ви́дывала. Взду́мал он с на́ми в горе́лки бе́гать.

— С ва́ми в горе́лки бе́гать! Невозмо́жно!

— О́чень возмо́жно! Да что ещё вы́думал! Пойма́ет, и ну целова́ть!

— Во́ля твоя́,[2]) На́стя, ты врёшь.

— Во́ля ва́ша, не вру. Я наси́лу от него́ отде́лалась. Це́лый день с на́ми так и провози́лся.

— Да как же, говоря́т, он влюблён и ни на кого́ не смо́трит?

— Не зна́ю-с, а на меня́ так уж сли́шком смотре́л, да и на Та́ню, прика́зчикову дочь, то́же; да и на Па́шу[3]) ко́лбинскую, да, грех сказа́ть,[4]) никого́ не оби́дел, тако́й баловни́к!

---

[1] A popular game. The players, in couples, place themselves one behind the other, all except one, who stands at the front of the line. Then the last couple at the end of the line separate and start running forward, each on a different side, and try to join up in front without being caught by the other player, who tries to prevent them doing so.

[2] Во́ля твоя́ (ва́ша): 'have it your own way,' 'as you please,' often implies some doubt of the opinion just heard, or regret at being unable to agree with it.

[3] Та́ня, Па́ша: diminutives of Татья́на; Праско́вья, popular form of Параске́ва (see p. 88, n. 3).

[4] Грех сказа́ть has come to mean 'it must be admitted,' 'it cannot be denied'; but it has kept some shade of the meaning of the word грех, since the expression is used only for actions implying wrongdoing.

— Это удиви́тельно! А что в до́ме про него́ слы́шно?

— Ба́рин, ска́зывают, прекра́сный: тако́й до́брый, тако́й весёлый. Одно́ не хорошо́: за де́вушками сли́шком лю́бит гоня́ться. Да, по мне,[1] э́то ещё не беда́: со вре́менем остепени́тся.

— Как бы мне хоте́лось его́ ви́деть! — сказа́ла Ли́за со вздо́хом.

— Да что же тут мудрёного? Туги́лово от нас не далеко́, всего́ три версты́:[2] поди́те гуля́ть в ту сто́рону, и́ли поезжа́йте верхо́м; вы ве́рно встре́тите его́. Он же вся́кий день, ра́но поутру́, хо́дит с ружьём на охо́ту.

— Да нет, не хорошо́. Он мо́жет поду́мать, что я за ним гоня́юсь. К то́му же отцы́ на́ши в ссо́ре, так и мне всё же нельзя́ бу́дет с ним познако́миться ... Ах, На́стя! Зна́ешь ли что? Наряжу́сь я крестья́нкою!

— И в са́мом де́ле; наде́ньте то́лстую руба́шку, сарафа́н,[3] да и ступа́йте сме́ло в Туги́лово; руча́юсь вам, что Бе́рестов уж вас не прозева́ет.

— А по-зде́шнему я говори́ть уме́ю прекра́сно. Ах, На́стя, ми́лая На́стя! Кака́я сла́вная вы́думка! — И Ли́за легла́ спать с наме́рением непреме́нно испо́лнить весёлое своё предположе́ние. На друго́й же день приступи́ла она́ к исполне́нию своего́ пла́на, посла́ла купи́ть на база́ре то́лстого полотна́, си́ней кита́йки[4] и ме́дных пу́говок, с по́мощью На́сти скрои́ла себе́ руба́шку и сарафа́н, засади́ла за шитьё всю де́вичью,[5] и к ве́черу всё бы́ло гото́во. Ли́за приме́рила обно́ву и призна́лась пред зе́ркалом, что никогда́ ещё так

---

[1] 'In my opinion' (popular expression).

[2] See p. 34, n. 3.

[3] Dress of a Russian peasant woman, long and sleeveless.

[4] 'Nankeen'; like the English word, the Russian recalls the Chinese origin of the material: Кита́й, 'China.'

[5] Room where the дворо́вые де́вушки worked together (see p. 29, n. 1).

мила́ само́й себе́ не каза́лась. Она́ повтори́ла свою́ роль, на ходу́ ни́зко кла́нялась и не́сколько раз пото́м кача́ла голово́ю, на подо́бие гли́няных кото́в, говори́ла на крестья́нском наре́чии, смея́лась, закрыва́ясь рукаво́м, и заслужи́ла по́лное одобре́ние На́сти. Одно́ затрудня́ло её: она́ попро́бовала бы́ло пройти́ по́ двору боса́я, но дёрн коло́л её не́жные но́ги, а песо́к и ка́мешки показа́лись ей нестерпи́мы. На́стя и тут ей помогла́: она́ сняла́ ме́рку с Ли́зиной ноги́, сбе́гала в по́ле к Трофи́му пастуху́ и заказа́ла ему́ па́ру лапте́й [1]) по той ме́рке. На друго́й день, ни свет ни заря́, [2]) Ли́за уже́ просну́лась. Весь дом ещё спал. На́стя за воро́тами ожида́ла пастуха́. Заигра́л рожо́к, и дереве́нское ста́до потяну́лось мимо ба́рского двора́. Трофи́м, проходя́ перед На́стей, о́тдал ей ма́ленькие, пёстрые ла́пти и получи́л от неё полти́ну в награжде́ние. Ли́за тихо́нько наряди́лась крестья́нкою, шо́потом дала́ На́сте свои́ наставле́ния каса́тельно мисс Жа́ксон, вы́шла на за́днее крыльцо́ и через огоро́д побежа́ла в по́ле.

Заря́ сия́ла на восто́ке, и золоты́е ряды́ облако́в, каза́лось, ожида́ли со́лнца, как царедво́рцы ожида́ют госуда́ря; я́сное не́бо, у́тренняя све́жесть, роса́, ветеро́к и пе́ние пти́чек наполня́ли се́рдце Ли́зы младе́нческой весёлостию; боя́сь како́й-нибудь знако́мой встре́чи, она́, каза́лось, не шла, а лете́ла. Приближа́ясь к ро́ще, стоя́щей на рубеже́ отцо́вского владе́ния, Ли́за пошла́ ти́ше. Здесь она́ должна́ была́ ожида́ть Алексе́я. Се́рдце её си́льно би́лось, само́ не зна́я, почему́; но боя́знь, сопровожда́ющая молоды́е на́ши прока́зы, составля́ет и гла́вную их пре́лесть. Ли́за вошла́ в су́мрак ро́щи. Глухо́й, перека́тный

[1] Ла́пти (sing. ла́поть): bast shoes worn by Russian peasants.

[2] ‘At crack of dawn.’

шум её приве́тствовал де́вушку. Весёлость её прити́хла. Ма́ло-пома́лу предала́сь она́ сла́дкой мечта́тельности. Она́ ду́мала ... но мо́жно ли с то́чностию определи́ть, о чём ду́мает семнадцатиле́тняя ба́рышня, одна́, в ро́ще, в шесто́м часу́ весе́ннего у́тра? [1]) И так она́ шла, заду́мавшись, по доро́ге, осенённой с обе́их сторо́н высо́кими дере́вьями, как вдруг прекра́сная ляга́вая соба́ка зала́яла на неё. Ли́за испуга́лась и закрича́ла. В то же вре́мя разда́лся го́лос: tout beau, Sbogar, ici ... и молодо́й охо́тник показа́лся из-за куста́рника. «Небо́сь, [2]) ми́лая, — сказа́л он Ли́зе, — соба́ка моя́ не куса́ется». Ли́за успе́ла уже́ опра́виться от испу́га и уме́ла тотча́с воспо́льзоваться обстоя́тельствами. «Да нет, ба́рин, — сказа́ла она́, притворя́ясь полуиспу́ганной, полузасте́нчивой, — бою́сь: она́, вишь, [3]) така́я зла́я; опя́ть ки́нется». Алексе́й (чита́тель уже́ узна́л его́) между тем при́стально гляде́л на молоду́ю крестья́нку. «Я провожу́ тебя́, е́сли ты бои́шься, — сказа́л он ей; — ты мне позво́лишь итти́ подле себя́?» — «А кто те [4]) меша́ет? отвеча́ла Ли́за; — во́льному во́ля, [5]) а доро́га мирска́я». — «Отку́да ты?» — «Из Прилу́чина; я дочь Васи́лья

---

[1] 'At the sixth hour,' i.e. between five and six.

[2] Here небо́сь still retains its etymological sense, i.e. не бо́йся, 'don't fear.' In modern Russian the word signifies 'probably,' 'certainly.'

[3] 'See,' 'you see,' an old form of the imperative of ви́деть, which has survived as a particle in popular and colloquial speech.

[4] See p. 34, n. 1.

[5] The first part of the proverb во́льному во́ля, спасённому рай, meaning 'who wants to act according to his own pleasure is free to do so, but who acts according to the will of God will be saved (спасён) and will go to Heaven.' The first part of this saying is often used in the sense of 'do as you please,' 'it is your own affair,' 'it does not concern me.'

кузнецá, идý по грибы́» (Ли́за неслá кузовóк [1]) на верёвочке). «А ты, бáрин? Туги́ловский, что ли?» — «Так тóчно, — отвечáл Алексéй, — я камерди́нер молодóго бáрина». Алексéю хотéлось уровня́ть их отношéния. Но Ли́за поглядéла на негó и засмея́лась. «А лжёшь, — сказáла онá, — не на дýру напáл. Ви́жу, что ты сам бáрин». — «Почемý же ты так дýмаешь?» — «Да по всемý». — «Однáко ж?» — «Да как же бáрина с слугóй не распознáть? И одéт-то не так, и бáишь и́наче, и собáку-то кли́чешь [2]) не по нáшему». Ли́за час óт часу бóлее нрáвилась Алексéю. Привы́кнув не церемóниться с хорóшенькими поселя́нками, [3]) он бы́ло хотéл обня́ть её; но Ли́за отпры́гнула от негó и принялá вдруг на себя́ такóй стрóгий и холóдный вид, что хотя́ э́то и рассмеши́ло Алексéя, но удержáло егó от дальнéйших покушéний. «Éсли вы хоти́те, чтóбы мы бы́ли вперёд прия́телями, — сказáла онá с вáжностию, то не извóльте забывáться». — «Кто тебя́ научи́л э́той премýдрости? — спроси́л Алексéй, расхохотáвшись. — Уж не Нáстенька ли, моя́ знакóмая, не дéвушка ли бáрышни вáшей? Вот каки́ми путя́ми распространя́ется просвещéние!» Ли́за почýвствовала, что вы́шла бы́ло из своéй рóли, и тотчáс попрáвилась. «А что дýмаешь? — сказáла онá; — рáзве я и на бáрском дворé никогдá не бывáю? небóсь: [4]) всегó наслы́шалась и наглядéлась. Однáко,

---

[1] Diminutive of кýзов, a basket made of bark.

[2] Бáить: popular for говори́ть; кли́кать: popular for звать.

[3] Поселя́не (masc. поселя́нин, fem. поселя́нка): 'villager,' a word used by the polite society of the eighteenth century.

[4] 'Have no fear': here the etymological sense is already greatly attenuated (see p. 86, n. 2).

— продолжа́ла она́, — болта́я с тобо́ю, грибо́в не наберёшь. Иди́-ка ты, ба́рин, в сто́рону, а я в другу́ю. Проще́ния про́сим ... ». [1]) Ли́за хоте́ла удали́ться. Алексе́й удержа́л её за́ руку. «Как тебя́ зову́т, душа́ моя́?» — «Акули́ной [2]) — отвеча́ла Ли́за, стара́ясь освободи́ть свои́ па́льцы от руки́ Алексе́евой; — да пусти́ ж, ба́рин; мне и домо́й пора́». — «Ну, мой друг Акули́на, непреме́нно бу́ду в го́сти к твоему́ ба́тюшке, к Васи́лью кузнецу́». — «Что ты? — возрази́ла с жи́востию Ли́за, — ради Христа́, не приходи́. Ко́ли до́ма узна́ют, что я с ба́рином в ро́ще болта́ла наедине́, то мне беда́ бу́дет; оте́ц мой, Васи́лий кузне́ц, прибьёт меня́ до́ смерти». — «Да я непреме́нно хочу́ с тобо́ю опя́ть ви́деться». — «Ну я когда́-нибудь опя́ть сюда́ приду́ за гриба́ми». — «Когда́ же?» — «Да хоть за́втра». — «Ми́лая Акули́на, расцелова́л бы тебя́, да не сме́ю. Так за́втра, в э́то вре́мя, не пра́вда ли?» — «Да, да». — «И ты не обма́нешь меня́?» — «Не обману́». — «Побожи́сь». — «Ну вот те свята́я Пя́тница, [3]) приду́».

Молоды́е лю́ди расста́лись. Ли́за вы́шла и́з лесу, перебрала́сь через по́ле, прокра́лась в сад и о́прометью побежа́ла в фе́рму, [4]) где На́стя ожида́ла её. Там она́ переоде́лась, рассе́янно отвеча́я на вопро́сы нетерпели́вой напе́рсницы, и яви́лась в гости́ную. Стол был накры́т, за́втрак гото́в, и мисс Жа́ксон, уже́

---

[1] Popular expression for ‘good-bye.’ In literary language проще́нье, ‘pardon,’ is never used in this sense.

[2] Акули́на: a Christian name typical of a peasant.

[3] Popular name of St. Параске́ва. In Greek Παρασκευή is at the same time a Christian name and the word for ‘Friday,’ meaning the day of preparation for the Sabbath. In Russian Пя́тница is never used as a Christian name: it is used only as the name for the saint and, more generally, together with its Greek form, свята́я Параске́ва-Пя́тница.

[4] Here used for a farm building belonging to the estate.

набелённая и затя́нутая в рю́мочку, наре́зывала то́ненькие тарти́нки. Оте́ц похвали́л её за ра́ннюю прогу́лку. «Нет ничего́ здорове́е, — сказа́л он, — как просыпа́ться на заре́». Тут он привёл не́сколько приме́ров челове́ческого долголе́тия, почёрпнутых из англи́йских журна́лов, замеча́я, что все лю́ди, жи́вшие бо́лее ста лет, не употребля́ли во́дки и вста-ва́ли на заре́ зимо́й и ле́том. Ли́за его́ не слу́шала. Она́ в мы́слях повторя́ла все обстоя́тельства у́тренне-го свида́ния, весь разгово́р Акули́ны с молоды́м охо́тником, и со́весть начина́ла её му́чить. Напра́сно возража́ла она́ само́й себе́, что бесе́да их не выходи́ла из грани́ц благопристо́йности, что э́та ша́лость не могла́ име́ть никако́го после́дствия, со́весть её роп-та́ла гро́мче её ра́зума. Обеща́ние, да́нное е́ю на за́втрашний день, всего́ бо́лее беспоко́ило её: она́ совсе́м бы́ло реши́лась не сдержа́ть свое́й торже́ствен-ной кля́твы. Но Алексе́й, прожда́в её напра́сно, мог итти́ оты́скивать в селе́ дочь Васи́лья кузнеца́, настоя́-щую Акули́ну, то́лстую, рябу́ю де́вку, и таки́м о́бра-зом догада́ться об её легкомы́сленной прока́зе. Мысль э́та ужасну́ла Ли́зу, и она́ реши́лась на друго́е у́тро опя́ть яви́ться в ро́щу Акули́ной.

С свое́й стороны́ Алексе́й был в восхище́нии, це́лый день ду́мал он о но́вой свое́й знако́мке; но́чью о́браз сму́глой краса́вицы и во сне пресле́довал его́ вообра-же́ние. Заря́ едва́ занима́лась, как он уже́ был оде́т. Не дав себе́ вре́мени заряди́ть ружьё, вы́шел он в по́ле с ве́рным свои́м Сбога́ром и побежа́л к ме́сту обе́щанного свида́ния. О́коло получа́са прошло́ в несно́сном для него́ ожида́нии; наконе́ц он уви́дел меж куста́рника мелькну́вший си́ний сарафа́н и бро́сился навстре́чу ми́лой Акули́ны. Она́ улыбну́лась восто́ргу его́ благода́рности; но Алексе́й тотча́с заме́тил на её лице́ следы́ уны́ния и беспоко́йства.

Он хоте́л узна́ть тому́ причи́ну. Ли́за призна́лась, что посту́пок её каза́лся ей легкомы́сленным, что она́ в нём раска́ивалась, что на сей раз не хоте́ла она́ не сдержа́ть да́нного сло́ва, но что э́то свида́ние бу́дет уже́ после́дним, и что она́ про́сит его́ прекрати́ть знако́мство, кото́рое ни к чему́ до́брому не мо́жет их довести́. Всё э́то, разуме́ется, бы́ло ска́зано на крестья́нском наре́чии; но мы́сли и чу́вства, необыкнове́нные в просто́й де́вушке, порази́ли Алексе́я. Он употреби́л всё своё красноре́чие, дабы́ отврати́ть Акули́ну от её наме́рения; уверя́л её в неви́нности свои́х жела́ний, обеща́л никогда́ не пода́ть ей по́вода к раска́янию, повинова́ться ей во всём, заклина́л её не лиша́ть его́ одно́й отра́ды: вида́ться с не́ю наедине́, хотя́ бы через день, хотя́ бы два́жды в неде́лю. Он говори́л языко́м и́стинной стра́сти и в э́ту мину́ту был то́чно влюблён. Ли́за слу́шала его́ мо́лча. «Дай мне сло́во, — сказа́ла она́ наконе́ц, — что ты никогда́ не бу́дешь иска́ть меня́ в дере́вне и́ли расспра́шивать обо мне. Дай мне сло́во не иска́ть други́х со мно́ю свида́ний, кро́ме тех, кото́рые я сама́ назна́чу». Алексе́й покля́лся бы́ло ей свято́ю Пя́тницею, но она́ с улы́бкой останови́ла его́. «Мне не ну́жно кля́твы, — сказа́ла Ли́за, — дово́льно одного́ твоего́ обеща́ния». По́сле того́ они́ дру́жески разгова́ривали, гуля́я вме́сте по́ лесу, до тех пор пока́ Ли́за сказа́ла ему́: пора́. Они́ расста́лись, и Алексе́й, оста́вшись наедине́, не мог поня́ть, каки́м о́бразом проста́я дереве́нская де́вочка в два свида́ния успе́ла взять над ним и́стинную власть. Его́ сноше́ния с Акули́ной име́ли для него́ пре́лесть новизны́, и хотя́ предписа́ния стра́нной крестья́нки каза́лись ему́ тя́гостными, но мысль не сдержа́ть своего́ сло́ва не пришла́ да́же ему́ в го́лову. Де́ло в том, что Алексе́й, несмотря́ на роково́е кольцо́, на таи́нственную перепи́ску и на мра́чную разочаро́ванность, был до́брый и пы́лкий ма́лый и име́л се́рдце чи́стое, спосо́бное чу́вствовать наслажде́ния неви́нности.

Е́сли бы слу́шался я одно́й свое́й охо́ты, то непреме́нно и во всей подро́бности стал бы опи́сывать свида́ния молоды́х люде́й, возраста́ющую взаимную скло́нность и дове́рчивость, заня́тия, разгово́ры; но зна́ю, что бо́льшая часть мои́х чита́телей не раздели́ла бы со мно́ю моего́ удово́льствия. Э́ти подро́бности вообще́ должны́ каза́ться при́торными, ита́к я пропущу́ их, сказа́в вкра́тце, что не прошло́ ещё и двух ме́сяцев, а мой Алексе́й был уже́ влюблён без па́мяти, и Ли́за была́ не равноду́шнее, хотя́ и молчали́вее его́. О́ба они́ бы́ли сча́стливы настоя́щим и ма́ло ду́мали о бу́дущем.

Мысль о неразры́вных у́зах дово́льно ча́сто мелька́ла в их уме́, но никогда́ они́ о том друг с дру́гом не говори́ли. Причи́на я́сная: Алексе́й, как ни привя́зан был к ми́лой свое́й Акули́не, всё по́мнил расстоя́ние, существу́ющее между ним и бе́дной крестья́нкою; а Ли́за ве́дала, кака́я не́нависть существова́ла между их отца́ми, и не сме́ла наде́яться на взаимное примире́ние. К тому́ же самолю́бие её бы́ло вта́йне подстрека́емо тёмной, романи́ческою наде́ждою уви́деть наконе́ц туги́ловского поме́щика у ног до́чери прилу́чинского кузнеца́. Вдруг ва́жное происше́ствие чуть бы́ло не перемени́ло их взаи́мных отноше́ний.

В одно́ я́сное, холо́дное у́тро (из тех, каки́ми бога́та на́ша ру́сская о́сень), Ива́н Петро́вич Бе́рестов вы́ехал прогуля́ться верхо́м, на вся́кий слу́чай взяв с собо́ю па́ры три борзы́х, стремя́нного [1]) и не́сколько дворо́вых мальчи́шек с трещо́тками. В то же са́мое вре́мя Григо́рий Ива́нович Му́ромский, соблазня́сь

[1] Стремя́нный: 'huntsman,' 'whipper-in.'

хоро́шею пого́дою, веле́л оседла́ть ку́цую свою́ кобы́лку и ры́сью пое́хал о́коло свои́х англизи́рованных владе́ний. Подъезжа́я к ле́су, уви́дел он сосе́да своего́, го́рдо сидя́щего верхо́м, в чекмене́, [1]) подби́том ли́сьим ме́хом, и поджида́ющего за́йца, кото́рого мальчи́шки кри́ком и трещо́тками выгоня́ли из куста́рника. Е́сли б Григо́рий Ива́нович мог предви́деть э́ту встре́чу, то коне́чно б он поворoти́л в сто́рону; но он нае́хал на Бе́рестова во́все неожи́данно и вдруг очути́лся от него́ в расстоя́нии пистоле́тного вы́стрела. Де́лать бы́ло не́чего: Му́ромский, как образо́ванный европе́ец, подъе́хал к своему́ проти́внику и учти́во его́ приве́тствовал. Бе́рестов отвеча́л с таки́м же усе́рдием, с каковы́м цепно́й медве́дь кла́няется господа́м по приказа́нию своего́ вожа́того. В сие́ вре́мя за́яц вы́скочил и́з лесу и побежа́л по́лем. Бе́рестов и стремя́нный закрича́ли во всё го́рло, пусти́ли соба́к и сле́дом поскака́ли во весь опо́р. Ло́шадь Му́ромского, не быва́вшая никогда́ на охо́те, испуга́лась и понесла́. Му́ромский, провозгласи́вший себя́ отли́чным нае́здником, дал ей во́лю и вну́тренно дово́лен был слу́чаем, избавля́ющим его́ от неприя́тного собесе́дника. Но ло́шадь, доскака́в до овра́га, пре́жде е́ю не заме́ченного, вдруг ки́нулась в сто́рону, и Му́ромский не усиде́л. Упа́в дово́льно тяжело́ на мёрзлую зе́млю, лежа́л он, проклина́я свою́ ку́цую кобы́лу, кото́рая, как бу́дто опо́мнясь, тотча́с останови́лась, как то́лько почу́вствовала себя́ без седока́. Ива́н Петро́вич подскака́л к нему́, осведомля́ясь, не уши́бся ли он. Между тем стремя́нный привёл вино́вную ло́шадь, держа́ её под уздцы́. [2]) Он помо́г

---

[1] Чекме́нь: 'a peasant or cossack kaftan.'

[2] Держа́ть ло́шадь под уздцы́: 'hold the horse by the bridle, close to the bit.'

Му́ромскому взобра́ться на седло́, а Бе́рестов пригласи́л его́ к себе́. Му́ромский не мог отказа́ться, и́бо чу́вствовал себя́ обя́занным, и таки́м о́бразом Бе́рестов возврати́лся домо́й со сла́вою, затрави́в за́йца и ведя́ своего́ проти́вника ра́неным и почти́ военнопле́нным.

Сосе́ды, за́втракая, разговори́лись дово́льно дружелю́бно. Му́ромский попроси́л у Бе́рестова дро́жек, и́бо призна́лся, что от уши́бу не́ был он в состоя́нии дое́хать до до́ма верхо́м. Бе́рестов проводи́л его́ до са́мого крыльца́, а Му́ромский уе́хал не пре́жде, как взяв с него́ че́стное сло́во на друго́й же день (и с Алексе́ем Ива́новичем) прие́хать отобе́дать по-прия́тельски в Прилу́чино. Таки́м о́бразом вражда́ стари́нная и глубоко́ укорени́вшаяся, каза́лось, гото́ва была́ прекрати́ться от пугли́вости ку́цой кобы́лки.

Ли́за вы́бежала навстре́чу Григо́рию Ива́новичу. «Что э́то зна́чит, па́па? — сказа́ла она́ с удивле́нием; — отчего́ вы хрома́ете? Где ва́ша ло́шадь? Чьи э́то дро́жки?» — «Вот уж не угада́ешь, my dear», отвеча́л ей Григо́рий Ива́нович, и рассказа́л всё, что случи́лось. Ли́за не ве́рила свои́м уша́м. Григо́рий Ива́нович, не дав ей опо́мниться, объяви́л, что за́втра бу́дут у него́ обе́дать о́ба Бе́рестовы. «Что вы говори́те! — сказа́ла она́ побледне́в. — Бе́рестовы, оте́ц и сын! За́втра у нас обе́дать! Нет, па́па, как вам уго́дно: я ни за что не покажу́сь». — «Что ты, с ума́ сошла́? — возрази́л оте́ц: — давно́ ли ты ста́ла так засте́нчива, и́ли ты к ним пита́ешь насле́дственную не́нависть, как романи́ческая герои́ня? По́лно, не дура́чься ... » — «Нет, па́па, ни за что на све́те, ни за каки́е сокро́вища не явлю́сь я перед Бе́рестовыми». Григо́рий Ива́нович пожа́л плеча́ми и бо́лее с не́ю не спо́рил, и́бо знал, что противоре́чием с неё ничего́ не возьмёшь, и пошёл отдыха́ть от своей достопримеча́тельной прогу́лки.

Лизаве́та Григо́рьевна ушла́ в свою́ ко́мнату и призва́ла На́стю. О́бе до́лго рассужда́ли о за́втрашнем посеще́нии. Что поду́мает Алексе́й, е́сли узна́ет в благовоспи́танной ба́рышне свою́ Акули́ну? Како́е мне́ние бу́дет он име́ть о её поведе́нии и пра́вилах, о её благоразу́мии? С друго́й стороны́ Ли́зе о́чень хоте́лось ви́деть, како́е впечатле́ние произвело́ бы на него́ свида́ние столь неожи́данное... Вдруг мелькну́ла ей мысль. Она́ тотча́с передала́ её На́сте; о́бе обра́довались ей как нахо́дке и положи́ли испо́лнить её непреме́нно.

На друго́й день за за́втраком Григо́рий Ива́нович спроси́л у до́чки, всё ли наме́рена она́ спря́таться от Бе́рестовых. «Па́па, — отвеча́ла Ли́за, — я приму́ их, е́сли э́то вам уго́дно, то́лько с угово́ром: как бы я перед ни́ми ни яви́лась, что б я ни сде́лала, вы брани́ть меня́ не бу́дете и не дади́те никако́го зна́ка удивле́ния и́ли неудово́льствия». — «Опя́ть каки́е-нибудь прока́зы! — сказа́л смея́сь Григо́рий Ива́нович. — Ну, хорошо́, хорошо́; согла́сен, де́лай, что хо́чешь, черногла́зая моя́ шалу́нья». С э́тим сло́вом он поцелова́л её в лоб, и Ли́за побежа́ла приготовля́ться.

В два часа́ ро́вно коля́ска дома́шней рабо́ты, запряжённая шестью́ лошадьми́, въе́хала на двор и покати́лась о́коло густозелёного дерно́вого кру́га. Ста́рый Бе́рестов взошёл на крыльцо́ с по́мощью двух ливре́йных лаке́ев Му́ромского. Вслед за ним сын его́ прие́хал верхо́м и вме́сте с ним вошёл в столо́вую, где стол был уже́ накры́т. Му́ромский при́нял свои́х сосе́дов как нельзя́ ла́сковее, предложи́л им осмотре́ть перед обе́дом сад и звери́нец и повёл по доро́жкам, тща́тельно вы́метенным и усы́панным песко́м. Ста́рый Бе́рестов вну́тренно жале́л о поте́рянном труде́ и вре́мени на столь бесполе́зные при́хоти, но молча́л из ве́жливости. Сын его́ не разделя́л ни неудово́льствия расчётливого поме́щика, ни восхище́ния самолюби́вого англома́на; он с нетерпе́нием ожида́л появле́ния хозя́йской до́чери, о кото́рой мно́го наслы́шался, и хотя́ се́рдце его́, как нам изве́стно, бы́ло уже́ за́нято, но молода́я краса́вица всегда́ име́ла пра́во на его́ воображе́ние.

Возвратя́сь в гости́ную, они́ усе́лись втроём: старики́ вспо́мнили пре́жнее вре́мя и анекдо́ты свое́й слу́жбы, а Алексе́й размышля́л о том, каку́ю роль игра́ть ему́ в прису́тствии Ли́зы. Он реши́л, что холо́дная рассе́янность во вся́ком слу́чае всего́ прили́чнее, и вследствие сего́ пригото́вился. Дверь отвори́лась; он поверну́л го́лову с таки́м равноду́шием, с тако́ю го́рдою небре́жностию, что се́рдце са́мой закорене́лой коке́тки непреме́нно должно́ бы́ло бы содрогну́ться. К несча́стию, вместо Ли́зы, вошла́ ста́рая мисс Жа́ксон, набелённая, затя́нутая, с поту́пленными глаза́ми и с ма́леньким кни́ксом, [1]) и прекра́сное вое́нное движе́ние Алексе́ево пропа́ло втуне́. Не успе́л он сно́ва собра́ться с си́лами, как дверь опя́ть отвори́лась, и на сей раз вошла́ Ли́за. Все вста́ли; оте́ц на́чал бы́ло представле́ние госте́й, но вдруг останови́лся и поспе́шно закуси́л себе́ гу́бы ... Ли́за, его́ сму́глая Ли́за, набелена́ была́ по́ уши, насурьмлена́ пу́ще само́й мисс Жа́ксон; фальши́вые ло́коны, гора́здо светле́е со́бственных её воло́с, взби́ты бы́ли, как пари́к Людо́вика XIV; рукава́ à l'imbécile [2]) торча́ли как фи́жмы [3]) у

---

[1] From the German word *Knicks*, 'curtsey.'

[2] From the French *manches à l'imbécile* or *à la folle*. These were 'very wide sleeves, gathered at the wrist, which had in them small leaden weights at the level of the elbow to make them hang down.' (Littré, *Dictionnaire de la langue française*, III, p. 415.)

[3] Perhaps from the German word *Fischbein*, 'whalebone' for farthingale, hoop-petticoat.

Madame de Pompadour; та́лия была́ перетя́нута, как бу́ква икс, и все брилья́нты её ма́тери, ещё не зало́женные в ломба́рде, [1]) сия́ли на её па́льцах, ше́е и уша́х. Алексе́й не мог узна́ть свою́ Акули́ну в э́той смешно́й и блестя́щей ба́рышне. Оте́ц его́ подошёл к её ру́чке, [2]) и он с доса́дою ему́ после́довал; когда́ прикосну́лся он к её бе́леньким па́льчикам, ему́ показа́лось, что они́ дрожа́ли. Между тем он успе́л заме́тить но́жку, с наме́рением вы́ставленную и обу́тую со всевозмо́жным коке́тством. Э́то помири́ло его́ не́сколько с остальны́м её наря́дом. Что каса́ется до бели́л и до сурьмы́, то в простоте́ своего́ се́рдца, призна́ться, он их с пе́рвого взгля́да не заме́тил, да и по́сле не подозрева́л. Григо́рий Ива́нович вспо́мнил своё обеща́ние и стара́лся не показа́ть и ви́да удивле́ния; но ша́лость его́ до́чери каза́лась ему́ так заба́вна, что он едва́ мог удержа́ться. Не до сме́ху бы́ло чо́порной англича́нке. Она́ дога́дывалась, что сурьма́ и бели́лы бы́ли похи́щены из её комо́да, и багро́вый румя́нец доса́ды пробива́лся сквозь иску́сственную белизну́ её лица́. Она́ броса́ла пла́менные взгля́ды на молоду́ю прока́зницу, кото́рая, отлага́я до друго́го вре́мени вся́кие объясне́ния, притворя́лась, бу́дто их не замеча́ет.

Се́ли за стол. Алексе́й продолжа́л игра́ть роль рассе́янного и заду́мчивого. Ли́за жема́нилась, говори́ла сквозь зу́бы, нараспе́в и то́лько по-францу́зски. Оте́ц помину́тно засма́тривался на неё, не понима́я её це́ли, но находя́ всё э́то весьма́ заба́вным. Англича́нка беси́лась

---

[1] Ломба́рд, 'pawnbroker.' The Russian term recalls the Italian origin of loan banks and credit institutions. (Cf. Lombard Street in the City of London as the street of bankers and, formerly, in French, the word *lombard* for 'pawnbroker.')

[2] 'Kissed her hand.'

и молча́ла. Оди́н Ива́н Петро́вич был как до́ма; ел за двои́х, пил в свою́ ме́ру, смея́лся своему́ сме́ху и час о́т часу дружелю́бнее разгова́ривал и хохота́л.

Наконе́ц вста́ли из-за стола́; го́сти уе́хали, и Григо́рий Ива́нович дал во́лю сме́ху и вопро́сам. «Что тебе́ взду́малось дура́чить их? — спроси́л он Ли́зу. — А зна́ешь ли что? Бели́лы пра́во тебе́ приста́ли; не вхожу́ в та́йны да́мского туале́та, но на твоём ме́сте я бы стал бели́ться; разуме́ется, не сли́шком, а слегка́». Ли́за была́ в восхище́нии от успе́ха свое́й вы́думки. Она́ обняла́ отца́, обеща́лась ему́ поду́мать о его́ сове́те и побежа́ла умилостивля́ть раздражённую мисс Жа́ксон, кото́рая наси́лу согласи́лась отпере́ть ей свою́ дверь и вы́слушать её оправда́ния. Ли́зе бы́ло со́вестно показа́ться перед незнако́мцами тако́й черна́вкою, [1] она́ не сме́ла проси́ть ... она́ была́ уве́рена, что до́брая, ми́лая мисс Жа́ксон прости́т ей ... и про́ч., и про́ч. [2] Мисс Жа́ксон, удостове́рясь, что Ли́за не ду́мала подня́ть её на́смех, успоко́илась, поцелова́ла Ли́зу и в зало́г примире́ния подари́ла ей ба́ночку англи́йских бели́л, кото́рую Ли́за и приняла́ с изъявле́нием и́скренней благода́рности.

Чита́тель догада́ется, что на друго́й день у́тром Ли́за не заме́длила яви́ться в ро́ще свида́ний. «Ты был, ба́рин, вечо́р [3] у на́ших госпо́д? — сказа́ла она́ тотча́с Алексе́ю; — какова́ показа́лась тебе́ ба́рышня?» Алексе́й отвеча́л, что он её не заме́тил. «Жаль», возрази́ла Ли́за. — «А почему́ же?» спроси́л Алексе́й. — «А потому́, что я хоте́ла бы спроси́ть у тебя́, пра́вда ли, говоря́т ...» — «Что же говоря́т?» — «Пра́вда ли, говоря́т, бу́дто бы я на ба́рышню похо́жа?» — «Како́й

[1] 'Woman with very dark hair and skin.'

[2] I.e. и про́чее, и про́чее, 'etc.'

[3] 'Last night,' popular form.

вздор! Онá перед тобóй урóд урóдом». [1]) — «Ах, бáрин, грех тебé э́то говори́ть; бáрышня нáша такáя бéленькая, такáя щеголи́ха! Кудá мне с нéю ровня́ться!» [2]) Алексéй божи́лся ей, что онá лу́чше всевозмóжных бéленьких бáрышень, и, чтоб успокóить её совсéм, нáчал опи́сывать её госпожу́ таки́ми смешны́ми чертáми, что Ли́за хохотáла от души́. «Однáко ж, — сказáла онá со вздóхом, — хоть бáрышня, мóжет, и смешнá, всё же я перед нéю ду́ра безгрáмотная». — «И! [3]) — сказáл Алексéй, — есть о чём сокрушáться! Да кóли хóчешь, я тотчáс вы́учу тебя́ грáмоте». — «А взапрáвду, [4]) — сказáла Ли́за, — не попытáться ли в сáмом дéле?» — «Извóль, ми́лая; начнём хоть сейчáс». Они́ сéли. Алексéй вы́нул из кармáна карандáш и записну́ю кни́жку, и Акули́на вы́училась áзбуке удиви́тельно скóро. Алексéй не мог надиви́ться её поня́тливости. На слéдующее у́тро онá захотéла попрóбовать и писáть; сначáла карандáш не слу́шался её, но через нéсколько мину́т онá и вырисóвывать бу́квы стáла довóльно поря́дочно. «Что за чу́до! — говори́л Алексéй. — Да у нас учéние идёт скорée, чем по ланкáстерской систéме». [5]) В сáмом дéле, на трéтьем урóке Акули́на разбирáла ужé по складáм «Натáлью боя́рскую дочь», [6]) прерывáя

[1] In expressions of this kind the instrumental only serves to strengthen the meaning of the nominative which precedes it.

[2] See p. 78, n. 2.

[3] Here it is not a conjunction, but a popular interjection which is used to express dissent with what has been said.

[4] 'Seriously' (popular).

[5] A method of reciprocal teaching due to the English pedagogue Joseph Lancaster (1778-1838), which was very much the fashion in Russia at the beginning of the nineteenth century.

[6] Натáлья боя́рская дочь: an historical tale by N. M. Karamzin (1766-1826).

чте́ние замеча́ниями, от кото́рых Алексе́й и́стинно был в изумле́нии, и кру́глый [1]) лист измара́ла афори́змами, вы́бранными из той же по́вести.

Прошла́ неде́ля, и между ни́ми завела́сь перепи́ска. Почто́вая конто́ра учреждена́ была́ в дупле́ ста́рого ду́ба. На́стя вта́йне исправля́ла до́лжность почталио́на. Туда́ приноси́л Алексе́й кру́пным по́черком напи́санные пи́сьма и там же находи́л на си́ней просто́й бума́ге кара́кульки свое́й любе́зной. Акули́на ви́димо привыка́ла к лу́чшему скла́ду рече́й, и ум её приме́тно развива́лся и образо́вывался.

Между тем неда́внее знако́мство между Ива́ном Петро́вичем Бе́рестовым и Григо́рьем Ива́новичем Му́ромским бо́лее и бо́лее укрепля́лось и вско́ре преврати́лось в дру́жбу, вот по каки́м обстоя́тельствам; Му́ромский нере́дко ду́мал о том, что по сме́рти Ива́на Петро́вича всё его́ име́ние перейдёт в ру́ки Алексе́ю Ива́новичу; что в тако́м слу́чае Алексе́й Ива́нович бу́дет оди́н из са́мых бога́тых поме́щиков той губе́рнии, и что нет ему́ никако́й причи́ны не жени́ться на Ли́зе. Ста́рый же Бе́рестов, с свое́й стороны́, хотя́ и признава́л в своём сосе́де не́которое сумасбро́дство (и́ли, по его́ выраже́нию, англи́йскую дурь), одна́ко ж не отрица́л в нём и мно́гих отли́чных досто́инств, наприме́р: ре́дкой оборо́тливости; Григо́рий Ива́нович был бли́зкий ро́дственник гра́фу Про́нскому, челове́ку зна́тному и си́льному; граф мог быть о́чень поле́зен Алексе́ю, а Му́ромский (так ду́мал Ива́н Петро́вич) вероя́тно обра́дуется слу́чаю вы́дать свою́ дочь вы́годным о́бразом. Старики́ до тех пор обду́мывали всё э́то ка́ждый про себя́, что наконе́ц друг с дру́гом и переговори́лись, [2]) обняли́сь, обеща́лись де́ло поря́дком

[1] Here кру́глый means це́лый, 'whole.'
[2] Today, переговори́ли.

обрабо́тать и приняли́сь о нём хлопота́ть ка́ждый со свое́й стороны́. Му́ромскому предстоя́ло затрудне́ние: уговори́ть свою́ Бе́тси познако́миться коро́че с Алексе́ем, кото́рого не вида́ла она́ с са́мого достопа́мятного обе́да. Каза́лось, они́ друг дру́гу не о́чень нра́вились; по кра́йней ме́ре Алексе́й уже́ не возвраща́лся в Прилу́чино, а Ли́за уходи́ла в свою́ ко́мнату вся́кий раз, как Ива́н Петро́вич удосто́ивал их свои́м посеще́нием. Но, ду́мал Григо́рий Ива́нович, е́сли Алексе́й бу́дет у меня́ вся́кий день, то Бе́тси должна́ же бу́дет в него́ влюби́ться. Э́то в поря́дке веще́й. Вре́мя всё сла́дит.

Ива́н Петро́вич ме́нее беспоко́ился об успе́хе свои́х наме́рений. В тот же ве́чер призва́л он сы́на в свой кабине́т, закури́л тру́бку и, немно́го помолча́в, сказа́л: «Что же ты, Алёша, [1]) давно́ про вое́нную слу́жбу не погова́риваешь? Й́ли гуса́рский мунди́р уже́ тебя́ не прельща́ет!» — «Нет, ба́тюшка, — отвеча́л почти́тельно Алексе́й, — я ви́жу, что вам не уго́дно, чтоб я шёл в гуса́ры; мой долг вам повинова́ться». — «Хорошо́, — отвеча́л Ива́н Петро́вич, — ви́жу, что ты послу́шный сын; э́то мне утеши́тельно; не хочу́ ж и я тебя́ нево́лить; не понужда́ю тебя́ вступи́ть ... тотча́с ... в ста́тскую слу́жбу; а пока́мест наме́рен я тебя́ жени́ть».

— На ком э́то, ба́тюшка? спроси́л изумлённый Алексе́й.

— На Лизаве́те Григо́рьевне Му́ромской, — отвеча́л Ива́н Петро́вич; — неве́ста хоть куда́, [2]) не пра́вда ли?

— Ба́тюшка, я о жени́тьбе ещё не ду́маю.

— Ты не ду́маешь, так я за тебя́ ду́мал и переду́мал.

---

[1] Diminutive of Алексе́й, 'Alexis.'

[2] Used as predicate, хоть куда́ has the meaning of 'excellent,' 'perfect.'

— Во́ля ва́ша, [1]) Ли́за Му́ромская мне во́все не нра́вится.

— По́сле понра́вится. Сте́рпится, слю́бится. [2])

— Я не чу́вствую себя́ спосо́бным сде́лать её сча́стие.

— Не твоё го́ре её сча́стие. Что? так-то ты почита́ешь во́лю роди́тельскую? Добро́! [3])

— Как вам уго́дно, я не хочу́ жени́ться и не женю́сь.

— Ты же́нишься, и́ли я тебя́ прокляну́, а име́ние, как Бог свят! [4]) прода́м и промота́ю, и тебе́ полу́шки не оста́влю. Даю́ тебе́ три дня на размышле́ние, а пока́мест не смей на глаза́ мне показа́ться.

Алексе́й знал, что е́сли оте́ц заберёт что себе́ в го́лову, то уж того́, по выраже́нию Тара́са Скоти́нина, [5]) у него́ и гвоздём не вы́шибешь; но Алексе́й был в ба́тюшку, [6]) и его́ столь же тру́дно бы́ло переспо́рить. Он ушёл в свою́ ко́мнату и стал размышля́ть о преде́лах вла́сти роди́тельской, о Лизаве́те Григо́рьевне, о торже́ственном обеща́нии отца́ сде́лать его́ ни́щим, и наконе́ц об Акули́не. В пе́рвый раз ви́дел он я́сно, что он в неё стра́стно влюблён; романи́ческая мысль, жени́ться на крестья́нке и жить свои́ми труда́ми, пришла́ ему́ в го́лову, и чем бо́лее ду́мал он о сем реши́тельном посту́пке, тем бо́лее находи́л в нём благоразу́мия. С не́которого вре́мени свида́ния в ро́ще

---

[1] See p. 83, n. 2.

[2] Russian proverb meaning 'one ends by loving what one gets used to,' 'love is a question of habit.'

[3] Here as an interjection: 'Well!' with a slightly threatening intonation.

[4] 'I swear it.' Literally: '(it is as true) as that God is holy.'

[5] A character in the comedy Не́доросль by D. I. Fonvizin (see p. 1, n. 1).

[6] 'Alexis was like his father.'

бы́ли прекращены́ по причи́не дождли́вой пого́ды. Он написа́л Акули́не письмо́ са́мым чётким по́черком и са́мым бе́шеным сло́гом, объявля́л ей о грозя́щей им поги́бели и тут же предлага́л ей свою́ ру́ку. Тотча́с отнёс он письмо́ на по́чту, в дупло́, и лёг спать весьма́ дово́льный собо́ю.

На друго́й день Алексе́й, твёрдый в своём наме́рении, ра́но у́тром пое́хал к Му́ромскому, дабы́ открове́нно с ним объясни́ться. Он наде́ялся подстрекну́ть его́ великоду́шие и склони́ть его́ на свою́ сто́рону. «До́ма ли Григо́рий Ива́нович?» спроси́л он, остана́вливая свою́ ло́шадь перед крыльцо́м прилу́чинского за́мка. [1]) «Ника́к нет, [2]) — отвеча́л слуга́; — Григо́рий Ива́нович с утра́ изво́лил вы́ехать». — «Как доса́дно!» поду́мал Алексе́й. «До́ма ли, по кра́йней ме́ре, Лизаве́та Григо́рьевна?» — «До́ма-с». Алексе́й спры́гнул с ло́шади, о́тдал пово́дья в ру́ки лаке́ю и пошёл без докла́да.

«Всё бу́дет решено́, — ду́мал он, подходя́ к гости́ной; — объясню́сь с не́ю само́ю». — Он вошёл ... и остолбене́л! Ли́за ... нет, Акули́на, ми́лая, сму́глая Акули́на, не в сарафа́не, а в бе́лом у́треннем пла́тьице, сиде́ла перед окно́м и чита́ла его́ письмо́; она́ так была́ занята́, что не слыха́ла, как он и вошёл. Алексе́й не мог удержа́ться от ра́достного восклица́ния. Ли́за вздро́гнула, подняла́ го́лову, закрича́ла и хоте́ла убежа́ть. Он бро́сился её уде́рживать. «Акули́на, Акули́на! ...» Ли́за стара́лась от него́ освободи́ться ... «Mais laissez-moi donc, Monsieur; mais êtes-vous fou?» повторя́ла она́, отвора́чиваясь. «Акули́на! друг мой, Акули́на!» повторя́л он, целу́я её ру́ки. Мисс Жа́ксон, свиде́тельница э́той сце́ны, не зна́ла,

[1] See p. 40, n. 1.

[2] A polite form of denial which servants used when talking to their masters. It was also compulsory in the army.

что поду́мать. В э́ту мину́ту дверь отвори́лась, и Григо́рий Ива́нович вошёл.

«Ага́! [1]) — сказа́л Му́ромский, — да у вас, ка́жется, де́ло совсе́м уже́ сла́жено ... ».

Чита́тели изба́вят меня́ от изли́шней обя́занности опи́сывать развя́зку.

Коне́ц повестя́м И. П. Бе́лкина.

---

[1] 'So that's it!' 'good!' This exclamation expresses satisfaction (as here) and often also malicious triumph.

GLOSSARY

а and, but
аво́сь perhaps
а́втор author
адресова́ть (impf./pf.) to address
а́збука Russian alphabet
Алексе́ев Alexis's
алта́рь altar
аму́р Cupid
англизи́рованный anglicized
англи́йский English
англича́нка Englishwoman
англома́н Anglomaniac
англома́ния Anglomania
анекдо́т anecdote
а́рия aria
арме́йский army, line (adj.)
а́рмия army
ассигна́ция bank-note
атла́с satin
афори́зм maxim, aphorism

ба́ба peasant (woman)
багро́вый purple (adj.)
база́р (impf.) market
ба́ить (pop.) to talk
ба́йковый flannelette (adj.)
бал ball
балла́да ballad
бало́ванный spoiled
баловни́к spoiled boy, scamp
бальзами́н balsam (plant)
банк bank
банкомёт banker
ба́ночка small pot
ба́рин master
ба́рский of the master
ба́рхат velvet
барчёнок (pl. **барча́та**) son of a **ба́рин** (see p. 74, n. 3)
ба́рщина corvée (see p. 5, n. 2)
ба́рыня lady
ба́рышня young lady, miss
ба́тюшка; Алексе́й был в ба́тюшку father (see p. 51, n. 2); A. was like his father
басурма́не Moslems, heathens (see p. 51, n. 4)
башма́к shoe
бе́гать (impf.) to run
бе́дный poor
бедня́к poor, wretched man
бежа́ть (impf.) to run
без, безо without
безгра́мотный illiterate
бездо́нный bottomless
беззабо́тный carefree
безмо́лвие silence, speechlessness
безобра́зный hideous, ugly
безопа́сный safe
безору́женный unarmed (see p. 24, n. 3)
бе́ленький white
белизна́ whiteness
бели́ла ceruse
бели́ться (impf.) to whiten one's face
бе́лый white, pale
бельё linen
бере́чь to guard, to protect
бесе́да conversation
бесе́довать (impf.) to talk, to have a conversation
беси́ться (impf.) to be furious
беспе́чно carelessly
беспе́чный careless, heedless
бесподо́бный incomparable
беспоко́ить (impf.) to worry
беспоко́йно restlessly
беспоко́йство disquiet
бесполе́зный useless
беспреста́нный ceaseless, constant
бессты́дный shameless
бе́шенство rage, fury

бе́шеный mad
бивуа́к camp, bivouac
биле́т ticket
биографи́ческий biographical
бира́ть (impf.) to take (see p. 60, n. 1)
бить (impf.) to beat
би́ться (impf.); ~ **об закла́д** to beat, to fight; make a bet
бла́го well-being, happiness
бла́говестить (impf.) to ring for church
благовоспи́танный well-bred
благодари́ть (impf.) to thank
благода́рность gratitude
благоде́тель benefactor
благополу́чие happiness, prosperity
благопристо́йность decency
благоразу́мие sense, wisdom
благоро́дный noble
благоскло́нность favour
благослове́ние blessing
блаже́нный blissfully, happy
блан-манже́ blanc-mange
бле́дность paleness, pallor
бле́дный pale, white
блестя́щий glittering
ближа́йший nearest, next
близ near
бли́зкий close, near
блиста́тельный brilliant
блу́дный сын prodigal son
блю́до dish, course
Бог God
бога́тство wealth
бога́тый rich, wealthy
бо́дрость courage, cheerfulness
Бо́жеский God's
Бо́жий God's
бой; с бо́ю fight; by force
боково́й side (adj.)
бо́лее more
боле́знь disease, sickness
боле́ть (impf.) to hurt, to ache, to be ill
болта́ть (impf.) to chat
боль ache, pain, headache
больно́й (noun and adj.) sick
бо́льше; ~ не more; no more
бо́льший bigger, greater
большо́й big, great
борза́я greyhound
борода́ beard
босо́й barefooted
босто́н Boston (see p. 28, n. 4)
ботфо́рт jack-boots (see p. 55, n. 1)
боя́знь fear
боя́рский boyar's
боя́ться (impf.) to fear
брак marriage
бра́ниваться (impf.) to quarrel with (see p. 57, n. 4)
брани́ть (impf.) to scold
бра́нный (arch.) warlike, martial
брань abuse, swearing
брат brother, my friend (fam.)
брать (impf.) to take
бред delirium
бригади́р brigadier (see p. 47, n. 1)
брилья́нт diamond
бро́вь eyebrow
бро́нзовый bronze (adj.)
броня́ armour
бро́сить (pf.) to throw
бро́ситься (pf.) to rush, to throw oneself
брусни́ка cranberry
бры́знуть (pf.) to splash
буго́р hillock, mound
бу́дка sentry-box
бу́дни week-days
бу́дочник watchman, town constable (see p. 49, n. 1)
бу́дучи being
бу́дущий coming, future
бу́йство uproar, riotous behaviour
бу́ква letter
бу́лочник baker
бу́ря tempest
буты́лка bottle
буя́н ruffian, crawler
быва́ло formerly, used to be that
быва́ть (impf.) to be, to happen

бы́вший former, having been
бы́стро quickly
быстрота́ speed
быть (impf./pf.); **как ~ ?** to be; what is to be done?
бюст bust

в, во to, on, at, in, into, at
ва́жность importance
ва́жный important
вака́нция vacancy (see p. 12, n. 4)
вали́ть (impf.) to throw down, to fall heavily
ва́льс waltz
ва́рварский barbarous
Васи́лий Basil
ва́та cotton-wool
ваш your
вбега́ть (impf.) to run into
вбежа́ть (pf.) to run into
ввали́вшийся sunken, hollow
ввести́ (pf.) to lead into
ввести́сь (pf.) to be brought, to le led in
вдави́ть (pf.) to squash into
вдвоём two together
вдру́г suddenly
ве́дать (impf.) to know
ве́домость list, record, gazette
ведь well, of course
ве́жливость politeness
век century, age
веле́ть (impf./pf.) to command, to order
вели́кий great
великоду́шие magnanimity
велича́йший greatest
вели́чие greatness
венча́ться (impf./pf.) to be married
ве́ра; служи́ть (impf.) **ве́рой и пра́вдой** faith, belief; to serve faithfully
верёвочка string
ве́рить (impf.) to believe
ве́рится (impf.): **мне не ~** I hardly believe
ве́рно truly, probably
ве́рность faithfulness, correctness, accuracy
ве́рный faithful
вероя́тно probably
верста́ verst (3,500 feet)
верх top, height top
верхо́м on horseback
вершо́к vershok (see p. 16, n. 1)
весь all, the whole
ве́село gaily
весёлость cheerfulness
весёлый gay
весе́нний spring (adj.)
весна́ spring
вести́ (impf.) to lead
весьма́ very, extremely
ветеро́к light breeze
ве́тренность levity, frivolity
ве́тренный frivolous, thoughtless
ве́тхий old, worn out
ве́тхость decay, decrepitude
ве́чер; ве́чером evening; in the evening
вече́рня vespers
ве́чно perpetually, always
ве́чный eternal
ве́щий prophetic
вещь thing
взад и вперёд to and fro, backwards and forwards
взаи́мно mutually
взаи́мный mutual
взапра́вду truly, seriously
взбеси́ть (pf.) to enrage
взбить (pf.) to fluff up
взвали́ть (pf.) to load
взви́дел (pf.): **он ни́чего не ~** everything went dark before him
взгляд look, glance
взгляну́ть (pf.) to look at
вздор nonsense
вздох sigh
вздохну́ть (pf.) to sigh (for)
вздро́гнуть (pf.) to start
взду́мать (pf.) to get an idea
взобра́ться (pf.) to climb, to get into the saddle

взойти́ (pf.) to mount, to rise
взор look
взъезжа́ть (impf.) to mount, to ascend
взять (pf.) to take, to take up
взя́ться (pf.) to undertake
вид appearance, view
вида́ть (impf.) to see
вида́ться (impf.) to see one another
виде́ние vision
ви́деть (impf.) to see
ви́деться (impf.) to see one another
ви́димо obviously
ви́дно seen
ви́дный noticeable
ви́дывать (impf.) to see
визг shriek
визи́т visit
Ви́льна Wilno, now Vilnius
вино́ wine
винова́тый responsible, guilty
вино́вный guilty
висо́к temple
вить see, you see (see p. 86, n. 3)
ви́ться (impf.) to coil, to wind oneself
вкра́тце in short
владе́лец owner, landowner
владе́ние estate, property
вла́сть power
влия́ние influence
влюблённый fallen in love
вме́сте together
вме́шиваться (impf.) to interfere in, to interpose
внеза́пный sudden
вни́кнуть (pf.) to try to understand, to take into consideration
внима́ние attention
внима́тельность attentiveness
вну́тренно inwardly
во́все at all
вода́ water
води́ться (impf.) to be, to be found
во́дка vodka
вое́нный military (adj.), soldier (noun)
вожа́тый leader
воз cart
возбуди́ть (pf.) to arouse, to awake
возбужда́ть (impf.) to arouse, to provoke
возврати́ть (pf.) to return
возврати́ться (pf.) to return
возвраща́ть (impf.) to return
возвраще́ние return
возвы́сить (pf.) to raise
возвы́ситься (pf.) to be raised, lifted
воздержа́ться (pf.) to refrain, to restrain oneself
во́здух air
воздыма́ть (impf.) to raise (see p. 27, n. 3)
воздыха́ние sighing
воздыха́ть (impf.) to sigh
вожжа́ rein
возмужа́ть (pf.) to grow a man
возмуще́ние insurrection
возненави́деть (pf.) to come to hate
Вознесе́ние Ascension (see p. 53, n. 1)
возни́кнуть (pf.) to rise
возобновля́ть (impf.) to renew
возрази́ть (pf.) to object, to retort
возраста́ть (impf.) to increase
военнопле́нный captive (noun), prisoner
война́ war
во́йско army
войти́ (pf.) to enter, to go in
волк wolf
волне́ние agitation
волни́стый wavy, undulating
волнова́ть (impf.) to agitate, to disturb
волоки́та ladies' man, gallant
во́лос hair
во́льный; во́льному во́ля free; see p. 86, n. 5

во́ля will, liberty
вон away, off
воображе́ние imagination
вообрази́ть (pf.) to imagine
вообще́ in general
вопро́с question
вопроша́ть (impf.) to ask
вор thief
во́рон raven, rook
во́рот collar
воро́та (pl.) gate
вороти́ться (pf.) to return
воск wax
воскли́кнуть (pf.) to exclaim
восклица́ние exclamation
воскресе́нье Sunday
воскре́сный Sunday (adj.)
воспе́тый sung, famed
воспита́ть (pf.) to educate, to bring up
воспи́тывать (impf.) to educate, to bring up
воспо́льзоваться (pf.) to avail oneself, to profit
воспомина́ние memory, recollection
восто́к east
восстанови́ть (pf.) to restore
восто́рг ecstasy
восторжествова́ть (pf.) to triumph
восхища́ть (impf.) to delight
восхище́ние rapture
вот here is, here are
впа́сть (pf.) to fall in
вперёд forward, ahead
впечатле́ние impression
вписа́ть (pf.) to inscribe, to enter
впи́сывать (impf.) to inscribe, to enter
впро́чем however
враг enemy
вражда́ enmity, hostility
вран raven (see p. 27, n. 1)
врать (impf.) to lie
вреди́ть (impf.) to harm, to injure
вре́мя time
вручи́ть (pf.) to hand over
вры́ть (pf.) to stick into, to dig into
всади́ть (pf.) to plant, to lodge
всё all, everything, still, yet
всевозмо́жный all possible, every
Всевы́шний the Almighty
всегда́ always
вселе́нная universe
всепоко́рнейше most humbly
всепоко́рный humble
вско́ре quickly, soon
вскочи́ть (pf.) to jump up
вскри́кнуть (pf.) to exclaim, to shriek
вскрича́ть (pf.) to exclaim, to shriek
вслед after
всле́дствие on account of
вслух aloud
вспо́мнить (pf.) to remember, recall
вспры́гнуть (pf.) to jump upon
вспы́льчивый excitable, hot-tempered
вспы́хнуть (pf.) to flare up
вста́ть to stand up
встре́тить (pf.) to meet
встре́ча meeting
встреча́ть (impf.) to meet
встреча́ться (impf.) to meet
встре́чный in the path of
вступи́ть (pf.) to enter
вступле́ние entry
всю́ду everywhere
вся́кий any, every
вся́ко (coll.) anything
вта́йне in secret
вто́рник Tuesday
второ́й second
второпя́х in hurry
втроём the three of us
вту́не in vain
входи́ть (impf.) to enter, to go in
вчера́шний yesterday's
вы you
выбега́ть (impf.) to run out
выбира́ть (impf.) to choose, to elect

вы́брать (pf.) to choose, to elect
вы́веска sign-board
вы́годный advantageous, suitable
выгоня́ть (impf.) to chase out
вы́гореть (pf.) to go out, to extinguish
вы́думка idea
выезжа́ть (impf.) to drive out
вы́зваться (pf.) to offer, to volunteer
выздора́вливать (impf.) to recover
вызыва́ться (impf.) to offer, to volunteer
вы́йти (pf.) to go out, to leave
вы́кушать (pf.) to drink (see p. 48, n. 1)
вы́местить (pf.) (arch.) to recoup
вымеща́ть (impf.) to discharge, to vent
вы́мочить (pf.) to drench
вымышля́ть (impf.) to invent
выноси́ть (impf.) to carry out, to bear
вы́нуть (pf.) to take out
выпива́ть (impf.) to drink
выпи́сывать (impf.) to write out
вы́пить (pf.) to drink
выплёвывать (impf.) to spit out
вы́просить (pf.) to obtain by asking
вы́прыгнуть (pf.) to jump out of
выраже́ние expression
выре́зывать (impf.) to cut out, to carve
вырисо́вывать (impf.) to draw
вы́скочить (pf.) to jump out
высокоблагоро́дие most honourable (see p. 66, n. 1)
вы́ставить (pf.) to expose
вы́стрел shot
вы́сунуть (pf.) to stick out
вы́сунуться (pf.) to lean out
высыла́ть (impf.) to send out
вы́сыпать (pf.) to pour out, to empty
вы́твердить (pf.) to get by heart, to learn thoroughly
вы́терпеть (pf.) to bear, to stand
вы́теснить (pf.) to push out
вы́толкнуть (pf.) to push out
выть (impf.) to howl
вы́тянуть (pf.) to draw out, to drink out
вы́учить (pf.) to teach, to learn
вы́ход exit, appearance
выходи́ть (impf.) to go out, to come out, to leave
вышеупомя́нутый afore-mentioned
вы́шибить (pf.) to knock out.

га́ер clown (see p. 51, n. 5)
газе́та newspaper
галу́н lace
гаси́ть (impf.) to put out, to extinguish
гва́рдия Guards
гво́здь nail
где where, when
где́-то somewhere
генера́л general
Гео́ргий George (see p. 40, n. 2)
герма́нский German
герои́ня heroine
герои́ческий heroic
геро́й hero
гла́вный chief, main
гла́дкий smooth
глаз eye
глазе́ть (impf.) to watch, to stare at
гласи́ть (impf.) to announce
гли́няный clay (adj.), earthen
глубо́кий profound, deep
глу́пый stupid, silly
глухо́й; глу́хо deaf; in a hollow voice
гляде́ть (impf.) to look (at)
гнев anger, rage
говори́ть (impf.) to say, to speak

год year
голова́; приходи́ть (impf.) **в го́лову** head; to occur to
головно́й head (adj.)
го́лос voice
го́ль the poor (pl.) (see p. 72, n. 4)
го́лый bare
гоня́ться (impf.) to run after
гора́здо much, far
го́рдо proudly
го́рдость pride
го́рдый proud, haughty
го́ре sorrow
горе́лки see p. 83, n. 1
го́ресть grief
горе́ть (impf.) to burn
го́рло; во всё го́рло throat; at the top of one's voice
го́рничная housemaid, lady's maid
городи́ть (impf.) to talk nonsense
городо́к small town
горо́й like a mountain, big (see p. 52, n. 1)
горшо́к pot
го́рький bitter (see p. 19, n. 2)
горя́чка strong fever
господи́н Lord, Master, Mister
госпожа́ Lady, Madam
гостеприи́мство hospitality
гости́ная drawing-room, parlour
гость guest
госуда́рь ruler, prince, sir
гото́вность readiness
гото́вый ready
град hail
гра́мота reading and writing
грани́ца; из-за грани́цы frontier; from abroad
гран-пасья́нс *grande-patience*
граф count
графи́ня countess
гра́фский of the count (adj.)
грех sin (see p. 83, n. 4)
гриб mushroom
гри́ва mane
гри́венник ten kopecks
гроб coffin
гробово́й sepulchral
гробовщи́к undertaker
гробокопа́тель grave-digger
грози́ть (impf.) to menace
гро́зный terrible, menacing
гро́мкий loud, famous
гро́мче more loudly
гру́бость rudeness
гру́да mound, heap
грудь breast
гру́ша pear
губа́ lip
губерна́торский of the governor
губе́рния region, province
гуля́ть (impf.) to take a walk
гуса́р hussar
гуса́рский hussar (adj.)
густозелёный rich green
густо́й thick, dense

да yes
да and
дабы́ in order to
дава́ть (impf.) to give
давно́ long since
да́же even
да́лее further
даль distance
дальне́йший subsequent
дальнови́дность foresight
да́ма lady
дар present (noun)
дари́ть (impf.) to give presents
да́ром gratis, for nothing
дать (pf.) to give
два, две two
двадцатипятирублёвый of twenty-five roubles
два́дцать twenty
двена́дцать twelve
дверь door
движе́ние movement
двор court, yard
дворо́вый; дворо́вая пти́ца belonging to the courtyard;

serf (noun) (see p. 20, n. 2); poultry
дворяни́н nobleman, gentleman
дворя́нка gentlewoman
дева́ться (impf.); **не знал куда́ ~** to get to; didn't know what to do with myself
деви́ца girl, maiden, spinster
деви́ческий virgin, maiden (adj.)
де́вка peasant-girl
де́вственный virgin, maiden (adj.)
де́вушка girl, maidservant (see p. 29, n. 1)
де́душка Grandpa
де́йствие action, effect
де́йствующее лицо́ character (in play), participant
де́латься (impf.) to become, to grow
де́ло business, affair
день day
де́ньги (pl.) money
дереве́нский country, village (adj.)
дереве́нька small village
дере́вня village, country
де́рево tree
деревцо́ small tree
деревя́нный wooden
держа́ть (impf.) to hold, to keep
держа́ться (impf.) to be kept up
дёрн turf
дерно́вый turfy, grassy
де́сять ten
дива́н divan
диви́ться (impf.) to wonder, to admire, to marvel
дикта́тор dictator
дитя́ child
дли́нный long
для for
до up to, until, to
добро́ property
доброду́шие good nature
до́брый good
довезти́ (pf.) to take someone somewhere
дове́ренность (arch.) confidence, trust
дове́рчивость trust
доводи́ть (impf.) to bring to
дово́льный satisfied, content
дово́льствоваться (impf.) to be content with
дога́дыватся (impf.) to guess
дое́хать (pf.) to reach
дожда́ться (pf.) to wait until
дождь rain
докла́д report, announcement
долг duty, debt
до́лго for a long time
долголе́тие longevity
долета́ть (impf.) to reach
долженствова́ть (impf.) to be due to
до́лжно: мне ~ I must
до́лжность duty
до́лжный; я до́лжен due, proper; I must
до́лжность to report, announce
дом house, home
дома́шний domestic
до́мик small house
домо́й home(wards)
доны́не until now
допла́чивать (impf.) to pay in addition
дополне́ние addition, completion
допро́с interrogation
дори́ческий Doric
доро́га road
доро́дный stout
дорожи́ть (impf.) to value
доро́жка path
доро́жный travelling
доса́да vexation, annoyance
доса́дный vexing, annoying
доскака́ть (pf.) to gallop to
доста́вить (pf.) to furnish, to supply
доста́точный sufficient, adequate

доста́ться (pf.) to fall to one's lot
дости́гнуть (pf.) to reach, to attain
дости́чь (pf.) to reach, to attain
досто́инство virtue, merit, quality
досто́йный worthy
достопа́мятный memorable
достопримеча́тельный note-worthy
дотя́гивать (impf.) to last out, drag out
дохо́д income
до́чка dimin. of **дочь**
дочь daughter
драгоце́нный precious
дра́ться (impf.) to fight
дро́ги (pl.): **похоро́нные** ~ hearse
дрожа́щий quivering, trembling
дро́жки (pl.) carriage, droshky
друг friend
друго́й; на ~ день other; next day
друг дру́га one another
дру́жба friendship
дружелю́бный friendly
дру́жеский friendly
дру́жество (arch.) friendship
дряхле́ть (impf.) to grow decrepit, to age
дуб oak
дуби́на club
дубо́вый oak (adj.)
ду́дочка pipe, fife
ду́мать (impf.) to think
дупло́ hollow
ду́ра fool (girl)
дура́к fool, silly man
дура́чить (impf.) to make a fool of
дура́читься (impf.) to play the fool
ду́рно; ему́ ~ ill, badly; he feels bad
дурно́й bad, ill, ugly
дурь folly
дуть (impf.) to blow
дух spirit, temper (see p. 14, n. 1; p. 72, n. 1)
душа́ soul
Ду́шенька dim. of **душа́** (see p. 76, n. 1)
дуэ́ль duel
ды́бом; стать ~ to stand on end
дым smoke
дья́вол devil
дья́вольски devilishly
дья́вольщина devil's trick
дьячо́к sexton
дю́жина dozen

европе́ец European
европе́йский European (adj.)
е́герский chasseur (adj.)
его́ his, its
едва́ scarcely, hardly
единогла́сно unanimously
единоду́шие unanimity
еди́нственно solely
еди́ный only (adj.)
еди́нственный only, sole (adj.)
её her
ежедне́вно daily, every day (adv.)
ежедне́вный daily (adj.)
е́здить (impf.) **~ верхо́м** to ride, to go; to ride on horse-back
ей-Бо́гу By God
е́сли if
есте́ственный natural
есть there is, there are
есть (impf.) to eat
е́хать (impf.) to ride, to go
ещё still, yet

жа́дно greedily
жале́ть (impf.) to regret, to be sorry
жа́лкий pitiful, wretched
жа́лоба complaint
жа́ловаться (impf.) to complain, to lodge a complaint
жаль pity, sorry (adv.)
жар heat

ждать (impf.) to wait for, to expect
жела́емый desired
жела́ние desire, wish
жела́ть (impf.) to desire, to wish
желтова́тый yellowish
жема́ниться (impf.) to mince
жена́ wife
жена́тый married (of a man)
жени́тьба marriage
жени́ться (impf./pf.) to marry (of a man)
жени́х suitor, fiancé
же́нский female
же́нщина woman
же́ребий (arch.) lot (see p. 24, n. 4)
же́ртва victim, sacrifice
жесто́ко cruelly
жив; ни ~ ни мертв alive; more dead than alive
жива́ть (impf.) to live
живо́й alive, lively
живопи́сно picturesquely
жи́вопись painting
жи́вость vivacity
жидо́вский Jewish (see p. 9, n. 5)
жизнеописа́ние biography
жизнь life
жили́ще dwelling, abode
жи́тель inhabitant, resident
жить (impf.) to live
житьё life (see p. 64, n. 3)
жоке́й jockey
жре́бий lot
жури́ть (impf.) to scold
журнали́ст journalist
за for, by (+ acc.); behind, after (+ instr.)
заба́вник merry-maker
заба́вный amusing, funny
заби́ться (pf.) to begin to beat
заблагорассу́дить (pf.) to think fit
заблу́дший lost, strayed
забо́та care
забо́тливость care, solicitude
забра́ть (pf.) to take
забра́ться (pf.) to penetrate, to get into
забыва́ться (impf.) to forget oneself
забы́ть (pf.) to forget
заведе́ние establishment
заверну́ть (pf.) to call, to drop in
завести́ (pf.) to acquire, establish
завоева́ть (pf.) to conquer
за́втракать (impf.) to have breakfast or lunch
за́втрашний next day's
завяза́ться (pf.) to begin
зага́дка riddle, mystery
загла́вный initial, capital
загля́дываться (impf.) to be unable to keep one's eyes off
загну́ть (pf.) to bend
загова́риваться (impf.) (arch.) to have a chat
за́говор plot, conspiracy
загово́рщик conspirator
загреме́ть (pf.) to rattle
задави́ть (pf.) to crush
зада́ть (pf.) to give, to offer (see p. 52, n. 1)
за́дний back (adj.)
задрема́ть (pf.) to doze off
заду́мчивость pensiveness
заду́мчивый thoughtful
заду́мываться (impf.) to become thoughtful
зае́хать (pf.) to call for, to drop in
заимствовать (impf.) to borrow
заказа́ть (pf.) to order
зака́т (со́лнца) sunset
закипе́ть (pf.) to begin to boil, to overflow
закла́д wager
закла́дывать (impf.): **~ лоша́дей** to put horses to a carriage
закле́ить (pf.) stick up, to glue
закорене́лый inveterate, deep-rooted
заключи́ть (pf.): **~ в себе́** to comprise

зако́нный legal
закрича́ть (pf.) to cry out
закрыва́ться (impf.) to cover oneself up
закури́ть (pf.) to light, to begin smoking
закуси́ть (pf.) to bite
за́ла hall, reception room
зала́ять (pf.) to bark
залива́ться (impf.): ~ **слеза́ми** to dissolve in tears
зало́г pledge, token
заложи́ть (pf.) to pawn
загото́вить (pf.) to prepare
замара́ть (pf.) to soil, to disgrace
замедли́ть (pf.) to delay, to retard
заме́тить (pf.) to notice, to remark
замеча́ние remark
замеча́тельный remarkable
замеша́тельство confusion
заме́шкаться (pf.) to linger
замира́ние; ~ **се́рдца** dying down; sinking of the heart
за́мок castle (see p. 40, n. 1)
замолча́ть (pf.) to fall silent
заму́жество marriage, married life (of a woman)
занаве́ска curtain
занемо́чь (pf.) to fall ill
занести́ (pf.) to drift, to cover (see p. 43, n. 2)
занима́ться (impf.) to occupy oneself with
заня́тие occupation, pursuit
за́нятый busy
заня́ть (pf.) to borrow, to occupy
заня́ться (pf.) to begin, to tackle (+ instr.)
заодно́ at the same time
запа́с stock, supply
запе́ниться (pf.) to foam
запере́ть (pf.) to close, to shut, to lock
за́пертый locked
запеча́тать (pf.) to seal
записа́ть (pf.) to write down, to note
записно́й: **записна́я кни́жка** note-book
запи́сочка note
записы́вать (impf.) write down, to note
запо́мнить (pf.) to recall, to remember
запра́шивать (impf.) to demand
запрети́ть (pf.) to forbid
запряга́ть (impf.) to harness
запусти́ть (pf.) to neglect
запылённый covered with dust
запыха́ться (pf.) to be short of breath, to pant
заре́зать (pf.) to cut the throat
заря́ dawn (see p. 85, n. 2)
заряди́ть (pf.) to load
засадить (pf.) to set to
заседа́тель assessor (see p. 28, n. 6)
заслужи́ть (pf.) to win
засмолённый tarred
засну́ть (pf.) to fall asleep
заста́ва town gates
застава́ть (impf.) to catch, to find
заста́вить (pf.) to force, to compel
засте́нчивость shyness
засте́нчивый bashful, shy
застрели́ть (pf.) to shoot, to kill
затво́рничество seclusion
зате́я enterprise, prank
зато́ on the other hand
затрави́ть (pf.) to hunt down
затрудне́ние difficulty
затрудни́тельность difficulty
затрудня́ть (impf.) to give trouble
затя́нутый laced up
заупря́миться (pf.) to be difficult, restive
захохота́ть (pf.) to burst out laughing
захрапе́ть (pf.) to begin to snore

за́яц hare
зва́ние rank, (social) station (see p. 7, n. 1)
звать (impf.) to call, to name
зверúнец menagerie
звон ringing, tinkling
здесь here
здоро́вье health
зелёный green
землеме́р land-surveyor
земля́ earth, ground
зе́ркало mirror
зима́ writer
зи́мний winter (adj.)
зимо́ю in winter
зло evil (noun)
зло́ба malice, fury
зло́бный malicious
зло́бствовать (impf.) to bear malice
злой evil (adj.)
злоре́чие malicious talk
злость malice
знак sign, token
знако́мка acquaintance
знако́мство acquaintanceship
знако́мый acquaintance (noun), known, familiar (adj.)
зна́ние knowledge
зна́тный noble
знато́к expert, authority
знать (impf.) to know
знать clearly, you know (see p. 22, n. 2)
значи́тельный outstanding
зна́чить (impf.) to signify, to mean
зойл critic
золото́й gold (adj.), golden
зреть (impf.) to see (see p. 45, n. 1)
зуб tooth

и; и . . . и and, also, even; both . . . and
и́бо for, because
и́ва willow
игра́ game, play
игра́ть (impf.) to play
идти́ (impf.) to go, to walk
из from, of, out of
изба́вить (pf.) to save, to spare
изба́виться (pf.) to get rid of, to get out of
избавля́ть (impf.) to get rid of
избега́ть (impf.) to avoid
избира́ть (impf.) to choose
избу́шка little shack
и́зверг monster (see p. 57, n. 5)
изве́стие news, information
изве́стный well-known, certain
извине́ние excuse, apology
извини́ть (pf.) to excuse, to pardon
извиня́ться (impf.) to apologize, to be excused
изво́зчик cab-driver
изво́лить (pf.) (arch.) to desire, to deign
изгна́ние driving out
изгото́вить (pf.) to prepare
и́здали from a distance
изда́ние edition
изда́тель editor
издева́ться (impf.) to mock, to jeer
изде́лие wares
издержа́ть (pf.) to spend
из-за from, from behind
изли́шество excess
изли́шний superfluous, unnecessary
измара́ть (pf.) to spoil, to cover with blots
изно́шенный worn out
изобража́ть (impf.) to represent, to depict
изображе́ние picture, image
изря́дно (arch.) fairly
изуми́ть (pf.) to amaze
изумле́ние amazement
изумлённый amazed
изъявля́ть (impf.) to express
изъявле́ние expression
изыска́тель investigator
ико́та hiccough
икс letter x
и́ли; ~ . . . ~ or; either . . . or

имéние estate
именúнник man celebrating his name-day
именúнница woman celebrating her name-day
úменно precisely, just
имéть (impf.) to have, to possess
úмя name
иногдá sometimes
инóй other, different
инострáнный foreign
интерéсный interesting
искáтель suitor
искáть (impf.) to seek
úскренний sincere, true
úскренность sincerity, truthfulness
искýсный skilful
искýсство art, skill
исполнять (impf.) to fulfill
испрáвить (pf.) to perform
испрáвность good condition
испрáвный industrious, careful
испугáть (pf.) to frighten, to startle
испугáться (pf.) to be frightened
úстина truth
úстинно really
úстинный true, real
истóрия history, story
источúть (pf.) to bore, to drill
истрáтить (pf.) to lay out, to expend
истребúть (pf.) to annihilate
исчéзнуть (pf.) to disappear
итáк therefore
их their
ию́нь June

к, ко to, towards, moreover
кабáк inn
кабáцкий of the inn (see p. 72, n. 4)
кабинéт study
каблýк heel
кáждый each, every
казáться (impf.); **кáжется** to seem, to appear; it seems
казённый state, government (adj.)
как how, what (adv.); as, like, when (conj.)
как бýдто as if
как рáз just, straightway
кáк-то somehow, for example, namely
какóв what sort of
каковó how
какóй what, how, such as
какóй-либо some, any
какóй-нибудь some, any
какóй-то some, a certain
калúтка postern
кáмешек small stone
камердúнер valet
камúн fireplace
канцеля́рия office
канцеля́рский office (adj.), official
капóт woman's dressing-gown, coat (see p. 31, n. 3)
карáкулька scribble
карандáш pencil
карéта carriage, coach
кармáн pocket
кáрта card
картúна picture
картóн cardboard, cardboard-box (arch.)
касáтельно concerning
касáться (impf.); **что касáется меня́** to touch, to touch on; as far as I am concerned
кáторга hard labour
кафтáн kind of long tunic
качáть (impf.) to shake
квартúра apartment, quarters
квартúрка small apartment
кибúтка wagon, sledge
кивóт icon-case (see p. 46, n. 1)
кидáться (impf.) to throw oneself
кúнуть (pf.) to throw
кисть tassel
китáйка nankeen (see p. 84, n. 4)
клáдбище church-yard

кладовáя larder, store room
клáняться (impf.) to bow
класс grade, rank (see p. 7, n. 1)
клéтка cage
клúкать (impf.) to call
клúкнуть (pf.) to call
клок tuft, flake, rag
клочóк dimin. of **клок**
клю́чница house-keeper
кля́сться (impf.) to swear, to vow
кля́тва oath
кнúга book
кнúжка book
кникс curtsey (see p. 95, n. 1)
князь prince
кобы́ла mare
кобы́лка mare
ковёр rug, carpet
когдá when
когдá-нибудь some time, ever
кóе-как somehow, anyhow
кóжа skin
кой (arch.) which, who
кокéтничать (impf.) to flirt
кокéтство coquetry
колебáться (impf.) to vacillate
колéно knee
кóли when, if
коллéжский collegiate (see p. 57, n. 2)
колóдка boot-tree
колокóльчик bell
колóнка small column
колóть (impf.) to prick
колпáк cap, night-cap
кольцó ring
коля́ска carriage
командúр commander
комментáтор commentator
кóмната room
комóд chest of drawers
комóк lump, ball
компáния company
конéц end
конéчно of course
контóра office
кóнченный finished, settled
кончúна death
кóнчить (pf.) to finish
кóнчиться (pf.) to end
конь horse
кóнюх stable-boy
копéйка copeck
кóрень roof
кормúлица nurse
кормúть (impf.) to feed
корóче more closely
космáтый hairy, shaggy
косну́ться (pf.) to touch, to touch on
кóсточка stone (of fruit)
кость bone
костянóй bony
кот tom-cat
котóрый which, who
кóфе coffee
кóшка cat
крáй extremity, region
крáйний; по крáйней мéре extreme; at least
красáвец handsome man
красáвица beautiful woman
крáсненький red
красноречие eloquence
крáсный red
красотá beauty, good looks
крáсться (impf.) to steal after
крáткий short
крáшеный painted
крéпко firmly
крéсло arm chair, also pl. **крéсла** (arch.)
крест cross
крёстная мать godmother
крестья́нин peasant
крестья́нка peasant-woman
крестья́нский peasant (adj.)
крещéнский Epiphany (adj.) (see p. 58, n. 3)
кривóй crooked, one-eyed
крúтика criticism
критиковáть (impf.) to criticise
кричáть (impf.) to shout, to cry
кровáть bed
крóме besides, apart from

кро́ткий gentle, meek
круг circle
кру́глый round, whole (see p. 99, n. 1)
круго́м around
кружи́ться (impf.) to turn round, to swarm
кру́жка mug, tankard
кру́пный large, big
круто́й steep, abrupt, stern
крыло́ wing
крыльцо́ entrance steps, porch
кто; ~ . . . ~ . . . who; some . . . some . . . , one . . . another . . .
кто́ бы то ни́ было anyone whatsoever
кто́-то somebody
куда́ whither
ку́дри curls
кузне́ц smith
кума́ godmother to one's child
купе́ц merchant
купи́ть (pf.) to buy
ку́пчик merchant
купчи́ха merchant's wife
ку́ртка jacket
курье́рский special-messenger's (adj.)
куса́ться (impf.) to bite
куста́рник shrubbery, bush
куха́рка (woman) cook
ку́хня kitchen
ку́цый dock-tailed
ку́чер coachman
ку́шанье food, dish

ла́вка shop
ла́вочка bench
ла́дить (impf.) to be on good terms with
лаке́й footman
ла́поть bast shoe (see p. 85, n. 1)
лачу́жка hovel, hut
лгать (impf.) to lie, to tell lies
лёгкий light, easy
легкомы́сленный thoughtless
лежа́ть (impf.) to lie
ле́карь doctor
леле́ять (impf.) to cherish
ле́нта ribbon
лес wood
ле́стница stairs
ле́то; **лета́** (pl.) summer; years, age
лече́ние treatment
лечи́ть (impf.) to treat
лечь (pf.) to lie down
ли whether, if; interrogation particle
ливре́йный livery (adj.)
лимона́д lemonade
ли́сий fox (adj.)
ли́стья (pl.) leaves, foliage
ли́ться (impf.) to flow
лихора́дка fever
лицо́ face, person
лиши́ть (pf.) to deprive
ли́шнее remainder
ли́шний superfluous
лоб forehead
ло́жный false
ло́кон curl
ло́шадь horse
лука́вый shrewd, sly
луна́ moon
лу́нный moonlit
лу́чший better, best
льго́та privilege, exemption
любе́зный friendly, kind, sweetheart (noun)
люби́мый favourite
люби́тель amateur, fancier
люби́ть (impf.) to love, to like
любо́й whichever, any
любо́вь love
любова́ться (impf.) to admire
любо́вник lover
любо́вный love (adj.)
любопы́тный curious, inquisitive
любопы́тство curiosity
лю́ди (pl.) people, servants
Людо́вик Louis
ляга́вый setter, pointer

мада́м see p. 77, n. 2
ма́занка see p. 10, n. 2

май May
малéйший smallest
мáло; мáло-помáлу little, few; little by little, gradually
мáльчик boy
мальчи́шка boy
манéж riding school
манéр (arch., coll.) manner, way
мáнтия cloak
мáстер master
мать mother
махнýть (pf.); **~ рукóй** to wave; to give up, to renounce (see p. 71, n. 2)
мгла mist, darkness
медáль medal
медвéдь bear
мéдленность slowness
мéдлить (impf.) to linger, to delay
мéдник copper-smith
мéдный copper (adj.)
меж between, among
мéжду; ~ тем between, among; meanwhile
мел chalk
мéлкий low
мелькнýть (pf.) to flash
мéнее; ~ всегó less; least of all
мéра; по крáйней мéре measure; at least
мёрзлый frozen
мéрка measure
мертвéц dead man, corpse
мёртвый dead
местéчко small town, place
мéсто place
мéсяц month, moon
метáть (impf.): **метáть банк** to hold the bank (see p. 11, n. 1)
метéлица snow-storm
метéль snow-storm
метóда method
мех fur
мечтáтельность reverie
мешáть (impf.) to disturb, to hinder
мешóк bag
ми́лостивый; ~ госудáрь (arch.) gracious; Dear Sir (see p. 3, n. 1)
ми́лость; ми́лости прóсим grace, favour (see p. 48, n. 2); be welcome
ми́лый nice, kind, dear
ми́мо past
мини́стр minister
миновáть (pf.) to pass, to escape
минýта minute, moment
ми́рный peaceful
мирскóй (arch.) common
младéнческий youthful
мнéние opinion
мнóгие many
мнóжество large number, quantity
моги́ла grave
мóда fashion
мóдный fashionable
мóжет быть perhaps, maybe
мозóль corn
мой my
мóкрый wet
молвá rumour
молéбен (thanksgiving) service
моли́тва prayer
молодёж young people
молóденький young
молодóй young
мóлодость youth
мóлча silently, without a word
молчали́вый silent, reserved
молчáние silence
молчáть (impf.) to be silent
монасты́рь monastery
морщи́на wrinkle
Москвá Moscow
мóська pug-dog
мочь (impf.) to be able
мрак darkness
мрáморный marble (adj.)
мрáчный gloomy
мудрёный complicated
муж man, husband
мужчи́на man
мýзыка music, band
мунди́р uniform, tunic

му́ромский of Murom (see p. 57, n. 7)
му́тный dim
му́ха fly
муче́ние torment
му́ченик martyr
мучи́тельный agonizing
мча́ться (impf.) to hurry, to dash
мще́ние revenge
мы we
мысль thought
мягкосе́рдие kind-heartedness

набива́ть (impf.) to fill, to pack
на to, for, in, at (+ acc.); in, at, on (+ loc.)
наблюда́тель observer
наблюда́ть (impf.) to observe
наблюде́ние observation
набра́ть (pf.) to take, to collect
наверну́ться (pf.): **слёзы наверну́лись** tears welled up
навеселе́ tipsy
наводи́ть (impf.); **~ тоску́** to bring; to bore
навсегда́ for ever
навстре́чу towards
на́вык habit
нага́йка whip
наглядéться (pf.) to look one's fill
награ́да reward
награди́ть (pf.) to reward
награжде́ние reward
над, на́до over, above
наде́жда hope
наде́ть (pf.) to put on
наде́ятвся (impf.) to hope
надиви́ться (pf.) to marvel, to wonder to the full
на́добно: что тебе́ ~ what do you want
на́добность necessity, need, business
надоу́мить (pf.) to hint
надписа́ть (pf.) to inscribe
на́дпись inscription
наду́ться (pf.) to get sulky
наедине́ privately, tête-a-tête
нае́здник rider, horseman
нае́здница rider (woman)
наза́д; тому́ ~ back(wards); ago
назва́ние name
назва́ть (pf.) to name, to call
назнача́ть (impf.) to appoint, to indicate
называ́ть (impf.) to call, to name
наизу́сть by heart
наймы́: в ~ for hire
найти́ (pf.); **~ на** to find; to come over
нака́з order
наказа́ть (pf.) to punish
накану́не on the eve, the day before
наклони́ть (pf.) to incline, to bow
наконе́ц at last, finally
нако́пленный accumulated
накра́пывать (impf.) to drizzle
накры́ть (pf.); **~ на стол** to cover; to lay the table
нали́вка fruit liqueur
нама́тывать (impf.) to wind round
наме́рен: я ~ I intend
наме́рение intention
намочи́ть (pf.) to soak, to moisten
напе́рсница confidante
наплева́ть (pf.) to spit upon (see p. 82, n. 4)
нало́й pulpit
напо́лнить (pf.) to fill (with)
напо́мнить (pf.) to remind
направле́ние direction
напра́сно in vain
напра́сный needless, wasted
наприме́р for example
напуга́ть (pf.) to frighten, to scare
нара́доваться (pf.): **не ~** to rejoice to the full
нараспе́в with a drawling voice
наре́зывать (impf.) to cut

наре́чие dialect
наро́д folk, people
наро́дный national, folk
нарочи́тый deliberate, special
наро́чно purposely
на́рочный special messenger
нару́жность exterior, appearance
наря́д apparel, adornment
наряди́ться (pf.) to attire oneself
насви́стывать (impf.) to whistle
наси́лу with difficulty, at last
на́скоро hastily
наслажда́ться (impf.) to enjoy
насле́дник heir
насле́дница heiress
насле́дство inheritance
наслы́шаться (pf.) to have heard much
на́смех: подня́ть (pf.) ~ (+ acc.) to make a laughing stock of
насме́шливый given to mocking
напева́ть (impf.) see p. 17, n. 3
наставле́ние instructions
наста́ть (pf.) to come, to arrive
настоя́щий real, veritable
наступи́ть (pf.) step on, advance, come (of time)
насурьми́ть (pf.) to darken eyebrows (see p. 81, n. 2)
насчита́ть (pf.) to count up
нате́шиться (pf.) to have all the amusement of
наудачу by guesswork
нахму́риться (pf.) to get frowning, to scowl
находи́ться (impf.) to be, to be situated
нахо́дка godsend
нача́ло beginning
нача́льствовать (impf.) to command, to be in charge of
нача́ть (pf.) to begin
начина́ть (impf.) to begin
наш our
не not
не до see p. 12, n. 3
не то́ or else
небе́сный heavenly (see p. 73, n. 4)
небо́сь see p. 86, n. 2
небреже́ние decay
небре́жность negligence
небри́тый unshaven
неве́ста bride, fiancée; eligible girl (arch.)
неви́нность innocence
невозмо́жно it is impossible, impossibly
нево́лить (impf.) to do against one's will
невприме́р incomparably
негодова́ние indignation
неда́вно recently
недви́жимый immobile
недово́льный dissatisfied
недои́мка arrears
недоста́ток lack, deficiency
недоуме́ние perplexity, doubt
не́жели than
не́жность tenderness
незабве́нный unforgetable
незнако́мый unknown
неизъясни́мый indescribable
неимове́рный incredible
неиспра́вность carelessness
не́когда formerly, once
не́который some, a certain
кекста́ти out of place
нело́вкий awkward
нельзя́; как ~ ла́сковее it is impossible, one cannot, it is not allowed; with utmost friendliness
неме́дленный immediate
не́мец German (noun)
неме́цкий German (adj.)
немину́емый inevitable
не́нависть hatred
необхо́димый necessary
необыкнове́нный unusual
неоднокра́тно repeatedly, more than once
неодоли́мый insuperable
неожи́данный unexpected
нео́пытность inexperience

неосторо́жно imprudently
неподви́жно motionless (adv.)
неподсла́щенный unsweetened
непоня́тный incomprehensible, obscure
непреме́нно without fail, most certainly
непреодоли́мый insuperable
неприли́чный indecent, improper
непринуждённость ease, unconstraint
непритво́рный unfeigned, genuine
неприя́тный unpleasant, disagreeable
непродолжи́тельный short
напрости́тельный unpardonable
непро́шенный uninvited
нераде́ние carelessness
неразры́вный indissoluble
нере́дко not infrequently
не́сколько few, several, some, somewhat
неслы́ханный unheard of
несмотря́ на despite, not withstanding
несно́сный unbearable
несообра́зный incongruous
неспосо́бный unsuited, incapable
несправедли́вый unjust, unfair
несравне́нный incomparable
нестерпи́мый unbearable
нести́ (impf.) to bring, to carry
несча́стье misfortune
несча́стный unfortunate
нетерпе́ние impatience
нетерпели́во impatiently
неуже́ли really? surely not?
неусы́пный indefatigable
нечáянно unexpectedly (see p. 47, n. 3)
нечáянный unexpected
нечувстви́тельность indifference
ни за что́ not for anything
ни . . . ни; ни оди́н neither . . . nor . . .; not one
ни́же lower
нижесле́дующий following
ни́зко low
ни́зость meanness
ника́к in no wise
никако́й none at all
никогда́ never
никто́ nobody
ниско́лько not in the least
ни́тка thread
ничего́ nothing
ничу́ть not in the least
ни́щий beggar (noun)
но but
новизна́ novelty
нововведе́ние innovation
новоку́пленный newly bought
новосе́лье new home, housewarming
но́вость news
но́вый new
нога́ foot, leg
но́жка little foot
нос nose
носи́ть (impf.) to carry, to wear
но́ты (pl.) music (score)
ночева́ть (impf.) to spend the night
ночь night
ноя́брь November
нрав disposition, temperament
нра́вственный moral
нужда́ need
ну́жный; ну́жно (+ dat.) necessary; have to
ну́мер number
ны́не today, now
ны́нешний today's, present
ны́нче today
ныть (impf.) to ache

о, об, обо about, against
оба, обе both
обвенча́ть (pf.) to wed, to marry
обвенча́ться (pf.) to get married
обве́шать (pf.) to hang round, to cover

обвязáть (pf.) to tie round, to bandage
обдýмывать (impf.) to think over
обéд dinner
обéдать (impf.) to dine
обéдня liturgy
обезобрáженный disfigured
обещáние promise
обещáться (pf.) to promise
обивáться (impf.) to be upholstered
обúда insult
обúдеть (pf.) to insult, to offend
обúженный offended
обúтель dwelling place, abode
обúть (pf.) to cover, to upholster
óблако cloud
обмáкивать (impf.) to moisten
обманýть (pf.) to cheat, to deceive
обмáнщик deceiver
обмéнивать (impf.) to exchange
óбморок; попáдать (pf.) **в ~** swoon; to faint, to swoon
обнажённый bared, naked
обнарýживать (impf.) to display, betray
обнóва new clothes
обносúть (impf.) see p. 60, n. 2
обнять (pf.) to embrace
обняться (pf.) to embrace each other
ободрúть (pf.) to encourage
ободрúться (pf.) to take courage, to cheer up
обожáть (impf.) to adore, to worship
обойтú (pf.) to go round, to make a tour around
обойтúсь (pf.) to do without
обольщённый fascinated
обóрванный ragged
оборóт proceeding
оборóтливость resourcefulness
обрабáтывать (impf.) to till the soil
обрабóтать (pf.) to arrange
обрáдоваться (pf.) to rejoice
óбраз manner
образовáние education
образóвываться (impf.) to gain culture
обратúть (pf.) to turn
обратúться (pf.) to address, to turn to
обрáтно back
обращáться (impf.) to address, to turn to
обрóк quitrent (see p. 5, n. 3)
обрóсший; ~ бородóй overgrown; with a growth of beard
обстоятельный circumstantial
обстоятельство circumstance
обсчитáться (pf.) miscount, misreckon
обувáться (impf.) to put shoes on
обýть (pf.) to put shoes on
обходúть (impf.) to go round
обходúться (impf.); **~ без** to treat, to behave towards; to do without
обшúрный spacious
обшлáг cuff
общежúтие sociable life
óбщество society, community
общеудóбный convenient
óбщий general, common
объéхать (pf.) to avoid
объявúть (pf.) to state, to declare
объявлять (impf.) to declare, to inform
объяснéние explanation
объяснúться (pf.) to explain oneself, clear up misunderstanding
объясняться (impf.) to explain oneself, clear up misunderstanding
объятие embrace
обыкновéние custom, habit
обыкновéнно usually
обыкновéнный normal, usual
обы́чай custom, habit
обязанность obligation, duty

обя́занный indebted, beholden
овдове́ть (pf.) to become a widow or a widower
ове́чка lamb
овладе́ть (pf.) to take possession of, to overcome
овра́г ravine
огло́бля shaft
оглушённый deafened
огляну́ться (pf.) to look round
огонёк light
ого́нь fire, light
огорча́ть (impf.) to pain, to distress
огра́да enclosure, fence
огради́ть (pf.) to protect
оде́ть (pf.) to dress
оде́ться (pf.) to dress oneself
оди́н one, a, a certain
оди́ннадцать eleven
одино́кий lonely
одича́лый farouche
одна́жды one day
одна́ко however
однообра́зный uniform
одобре́ние approbation
оживи́ться (pf.) to become animated
оживлённый animated
оживля́ть (impf.) to enliven
оживля́ться (impf.) to be revived
ожида́ние expectation
ожида́ть (impf.) to expect, to await
озабо́ченный preoccupied, anxious
оказа́ться (pf.) to appear, to prove
ока́зываться (impf.) to show, to pay
ока́нчивать (impf.) to finish, to end
оклеве́танный slandered
окли́кать (pf.) to call by name (see p. 53, n. 2)
окно́ window
око́лица outskirts
о́коло about, by, near
около́док environs, neighbourhood
око́шко window
окре́стность surroundings
окрова́вленный blood-stained
о́круг district
окружа́ть (impf.) to surround
окружи́ть (pf.) to surround
оку́танный wrapped up
оку́таться (pf.) to wrap oneself in
омы́ть (pl.) to wash clean
он, она́, оно́, они́ he, she, it, they
о́ный (arch.) that
опаса́ться (impf.) to apprehend, to fear
опеку́нский tutorial
опи́сывать (impf.) to describe
опо́мниться (pf.) to collect oneself, to recover oneself
опо́р: во весь ~ at full speed
оправда́ние justification
опра́виться (pf.) to recover
определённый appointed, determined, certain
определи́ться (pf.) to be appointed, to be posted
опроки́дываться (impf.) to turn over
опроки́нутый inverted
о́прометью headlong
опря́тный neat, tidy
опусти́ть (pf.) to let down, to drop
о́пыт experience, attempt
о́пытность experience
о́пытный experienced
опя́ть again
о́рден order
оре́х nut, hazel-nut
оре́шек dimin. of **оре́х**
оробе́ть (pf.) to feel shy
ору́жие weapon
осве́домиться (pf.) to inquire
осведомля́ться (impf.) to inquire
освети́ть (pf.) to light, to illuminate

освещáть (impf.) to light, to illuminate
освободи́ть (pf.) to free
оседлáть (pf.) to saddle
осенённый shaded
осéнний autumn (adj.)
óсень; óсенью autumn; in autumn
ослáбить (pf.) to relax
ослеплéние blindness
осмáтривать (impf.) to inspect
осмéливаться (impf.) to dare
осóба person
осóбенно particularly
осóбенность particularity
осóбенный special
особли́во separately
оставáться (impf.) to remain
остáвить (pf.) to leave
оставля́ть (impf.) to leave
остальнóй remaining
останáвливаться (impf.) to rest upon
останови́ть (pf.) to stop
останови́ться (pf.) to stop
остáться (pf.) to remain (see p. 9, n. 2)
остепени́ться (pf.) to settle down, to steady down
остолбенéть (pf.) to stun
óстрый sharp, pointed
остря́к witty fellow, wag
осты́ть (pf.) to cool down
осуди́ть (pf.) to blame, to criticise
осуждáть (impf.) to blame, to criticise
осуждéние condemnation (see p. 80, n. 1)
осушáть (impf.); ~ **рю́мку** to dry; to empty a glass
осьмнáдцать eighteen (see p. 45, n. 6)
от, ото from, of
отблáговестить (pf.) to finish ringing for church
отбожи́ться (pf.) to swear one's way out of
отвергáть (impf.) to reject
отвести́ (pf.) to take away, to lead
отвéт answer
отвечáть (impf.) to answer
отворáчиваться (impf.) to turn away
отвори́ться (pf.) to open
отвы́кнуть (pf.) to grow unused to
отдавáть (impf.) to give back
отдавáться (impf.); ~ **внаймы́, на прокáт** to give oneself up to; to be for hire
отдалённый remote
отдáть (pf.) to give back
отдéлаться (pf.) to get rid of
отдыхáть (impf.) to rest
отéц father
отéчественный national, patriotic
отéчество fatherland
отзывáться (impf.) to give an opinion
отказáться (pf.) to refuse
откáзываться (impf.) to refuse
отклони́ться (pf.) to swerve, to deflect, to avoid
откровéнно frankly
откровéнный frank
откры́тый open
откры́ть (pf.) to open
откýпоривать (impf.) to uncork
отличáть (impf.) to distinguish, to give special attention to
отличи́тельный distinctive
отличи́ться (pf.) to distinguish oneself
отмени́ть (pf.) to abolish
отмéрить (pf.) to measure off
отнести́сь (pf.) to refer
отношéние relation
отны́не henceforth
отобéдать (pf.) to dine
отомсти́ть (pf.) to take revenge
отперéть (pf.) to unlock, to open
отпрáвиться (pf.) to set out
отпры́гнуть (pf.) to jump aside

о́тпуск leave, furlough
отпуска́ть (impf.) to let go
отпусти́ть (pf.) to let go, to let grow
отпу́тать (pf.) to untie
отра́да joy, consolation
отрица́ть (impf.) to deny
о́троду (не) never in one's life
о́трок boy, adolescent
отря́д detachment
отслужи́ть (pf.) to serve, to order
отста́вка resignation, retirement, dismissal
отставно́й retired
отста́ть (pf.) to lag behind, to drop back, to fall away
отступи́ть (pf.) to retreat, to give way
отступи́ться (pf.) to renounce, to give up
отсу́тствие absence
оту́жинать (pf.) to have dined
отцо́вский one's father's, paternal
отча́сти partly
отча́яние despair
отчего́ why, because of which
о́тчина patrimony, estate (see p. 4, n. 4)
отъезжа́ющий departing (guest) (noun)
отъе́зжее по́ле see p. 76, n. 3
отъе́хать (pf.) to go away, to drive away
отыска́ть (pf.) to find
оты́скивать (pf.) to seek, to look for
офице́р officer
о́хать to groan, to moan
охо́та hunt(ing), free will, inclination
охо́тник hunter
охо́тно willingly
оцени́ть (pf.) to value, appreciate
о́чень very
о́чередь; ~ за мной turn; it is my turn
очути́ться (pf.) to find oneself
ошиби́ться (pf.) to make a mistake, to be mistaken, to miscount

па́губный ruinous
паке́т parcel
пала́ч hangman
па́лец finger
па́льчик finger
па́мятник monument, memento
па́мять; без па́мяти memory, recollection; unconscious
па́па daddy
па́пенька daddy
па́пенькин daddy's
па́перть church-porch
па́ра pair
па́рень lad
пари́к wig
пасти́ (impf.) to graze
пасту́х shepherd
пе́ние singing
пе́ниться (impf.) to foam
пе́рвенство supremacy
пе́рвенствовать (impf.) to take first place
первонача́льный primary, initial
первопресто́льная see p. 49, n. 7
пе́рвый first
перебра́ться (pf.) to get over
перебыва́ть (pf.) to stop, to stay
перевести́ (pf.) to transfer, to translate
переводи́ться (impf.) to come to an end
перевяза́ть (pf.) to tie up, to bandage
переговори́ть(ся) (pf.) to discuss, to talk over
перегоро́дка screen, partition
пе́ред before, in front of
пере́дняя antechamber
пережда́ть (pf.) to wait till (smth) is over
перека́тный rolling

перекладные travelling post (see p. 59, n. 3)
перекрести́ться to cross oneself
переме́на change, alteration
переоде́ться (pf.) to change one's dress
переписа́ть (pf.) to copy
перепи́ска correspondence
перепи́сываться (impf.) to correspond
перепи́ть (pf.) to outdrink
переплёт binding
переплётчик book-binder
перепуга́ться (pf.) to have a fright
переселя́ться (impf.) to move, to change residence
пересечённый divided up, criss-cross
пересказа́ть (pf.) to retell
переспо́рить (pf.) to out-argue
переста́ть (pf.) to stop
переступа́ть (impf.) to step over
перетяну́ть (pf.) to tighten
перечи́тывать (impf.) to re-read
перспекти́ва perspective, background
пе́сня song
песо́к sand
пе́стик pestle
пёстрый motley
Петербу́рг Petersburg
петли́ца button-hole
пету́х cock
пехо́тный infantry (adj.)
печа́ль sadness
печа́льный sad
печа́тка signet
печа́ть seal
пешко́м on foot
пи́во beer
пивова́р brewer
пивова́ров brewer's
пир feast
пирова́ть (impf.) to feast
пиро́жное pastry
писа́ть (impf.) to write
пистоле́т pistol
пистоле́тный pistol (adj.)
письмо́ letter
пита́ть (impf.) to nourish
пить (impf.) to drink
пла́менный flaming, fierce
план plan
платёж payment
плати́ть (impf.) to pay
плато́к kerchief, handkerchief
плато́чек dimin. of **плато́к**
пла́тье dress
племя́нник nephew
плечо́ shoulder
пли́совый velveteen (adj.)
пло́ский flat, trivial
пло́хо badly
плут cheat, swindler
плута́ть (impf.) (arch.) to cheat
по by, to, in connection with, according to, at, about (+ dat.); after (+ loc.)
по-англи́йски in the English way
побе́г flight, escape
победи́тель conqueror, victor
побежа́ть (pf.) to run
побесе́довать (pf.) to talk
побледне́ть (pf.) to grow pale
побожи́ться (pf.) to swear
побо́и (pl.) beating
побоя́ться (pf.) to be apprehensive
побуди́ть (pf.) to incite, to instigate
по́вар cook
поведе́ние behaviour, conduct
пове́ренный agent
пове́рить (pf.) to believe
пове́рхностный superficial
поверну́ться (pf.) to return
пове́са rake
повествова́ние story
повести́ (pf.) to lead
по́весть tale, story
повинова́ться (impf.) to obey
по́вод (pl. **пово́дья**) rein, bridle
по́вод cause

повреди́ть (pf.) to injure
повтори́ть (pf.) to repeat, to review
поги́бель danger, ruin
погляде́ть (pf.) to look
погля́дывать (impf.) to cast glances
погна́ться (pf.) to pursue
погова́ривать (impf.) to talk about
поговори́ть (pf.) to have a talk
погово́рка saying
погоди́ть (pf.) to wait a while
погребённый buried
погрузи́ть (pf.) to dip, to immerse, to plunge
погуби́ть (pf.) to ruin
под, подо below, near
подава́ть (impf.) to give
пода́ть (pf.); ~ **в отста́вку** to give, to present; to hand in one's resignation
подбежа́ть (pf.) to run up to
подби́ть (pf.) to line
подверга́ть (impf.) to subject to
подви́нуть (pf.) to move, to push
подде́рживать (impf.) to support, to keep up
поде́йствовать (**на**) (pf.) to have effect (on)
поджида́ть (impf.) to wait for
поди́те, imperative of **пойти́** (pf.) to go
подкоси́ться (pf.) to give way
по́дле by the side of
подмасте́рье apprentice
поднима́ться (impf.) to rise
подня́ть (pf.) to lift, to raise
подня́ться (pf.) to rise
подо́бие resemblance, similarity
подо́бный similar, like
подозрева́ть (impf.) to suspect
подозре́ние suspicion
подойти́ (pf.) to approach, to go up to
подо́лее as long as possible
подоро́жная warrant, road-pass (see p. 58, n. 5)
по́дпись signature, inscription
подполко́вник lieutenant-colonel
подро́бно in detail
подро́бность detail
подро́бный detailed
подру́га friend, spouse
подря́дчик contractor
подста́вить (pf.) to submit
подстрека́емый instigated, provoked
подстрека́ть (impf.) to instigate, to rouse
подстрекну́ть (pf.) to instigate, to rouse
поду́мать (pf.) to think
подшути́ть (pf.) to play a trick on
подъе́зд porch, entrance
подъе́хать (pf.) to drive up
подъя́чий see p. 57, n. 6
поеди́нок duel
пое́здка journey
пое́сть (pf.) to have a meal
пое́хать (pf.) to go, to travel
пожа́ловать (pf.) to honour with a visit
пожа́ловаться (pf.) to complain
пожа́р fire
пожа́ть (pf.) to mow, to reap
пожима́ть (impf.) to press, to squeeze
пожи́тки belongings
позабы́ть (pf.) to forget
позва́ть (pf.) to call, to invite
позволе́ние permission
позволя́ть (impf.) to allow, to permit
позвони́ть (pf.) to ring the bell
по-зде́шнему in the local dialect
по́здно late
познако́миться (pf.) to make acquaintance
поигра́ть (pf.) to play
пойти́ (pf.); ~ **в го́сти** to go; to pay a visit

пока́; ~ не until; before
пока́зывать (impf.) to show
пока́мест meanwhile
покати́ться (pf.) to roll, to drive along
покида́ть (impf.) to leave, to quit
поки́нуть (pf.) to abandon
покло́н bow
покля́сться (pf.) to swear on oath
поко́йник the deceased (man)
поко́йница the deceased (woman)
поко́йный late
поколеба́ться (pf.) to be shaken
поколе́ние generation
покоро́биться (pf.) to warp
покрасне́ть (pf.) to blush
покро́в cover, pall
покрыва́ть (impf.) to cover
покуше́ние attempt
пол floor
пол sex
пола́ flap, lap
полага́ть (impf.) to think, to reckon, to assume
полдю́жины a half-dozen
по́ле field
поле́зный useful
полени́ться (pf.) to be lazy, not to take trouble
полиня́лый faded
поли́ция police
полк regiment
полко́вник colonel
полково́й regimental
по́лно enough
по́лночь midnight
по́лный full
положе́ние position, state
положи́ть (pf.) to place, to decide
полоса́тый striped
полотно́ linen
полсо́тни fifty
полти́на half a rouble
полузакры́тый half-closed
полузасте́нчивый half shy
полуиспу́ганный half-frightened
полусумасше́дший half-crazy
получа́ть (impf.) to receive
получи́ть (pf.) to receive
полушампа́нское sparkling wine (see p. 50, n. 3)
полу́шка fourth part of a kopeck, farthing
полчаса́; по получа́су half an hour; for half an hour
по́льза use, profit
по́льзоваться (impf.) to make use of
по́льский Polish
полюби́ться (pf.) to take a liking to
помере́ть (pf.) to die
помести́ться (pf.) to be placed
поме́стье estate, patrimony
помеша́ть (pf.) to disturb, to hinder
помеща́ть (impf.) to place
поме́щик landowner
поми́ловать (pf.) to pardon, to forgive (see p. 43, n. 3)
помину́тно every minute, constantly
помину́тный continuous
помири́ть (pf.) to reconcile
помири́ться (pf.) to be reconciled
по́мнить (impf.) to remember
помога́ть (impf.) to help
по́мощь help, assistance
понима́ть (impf.) to understand
понаде́яться (pf.) to count on
понапра́сну needlessly, in vain
понево́ле against one's will
понеде́льник Monday
по-неме́цки in German
понести́ (pf.) to bolt (of a horse)
понра́виться (pf.) to like, to find agreeable
понтёр punter (see p. 11, n. 1)
пону́дить (pf.) to compel
понужда́ть (impf.) to compel, to insist upon

поня́тие conception, understanding
поня́тливость comprehension
поп priest
попа́дать (pf.) to fall
попа́сть (pf.) to hit
попече́ние charge, care
попирова́ть (pf.) to feast
попи́ть (pf.) to have a drink
попра́виться (pf.) to correct oneself
по-пре́жнему like before
по-прия́тельски in a friendly way
попро́бовать (pf.) to try, to make attempt
попыта́ться (pf.) to try to
пора́; до сих пор; с тех пор time; till now; since then
порази́ть (pf.) to strike
поровня́ться (pf.) to come alongside
поро́г threshold
поро́к vice
портно́й tailor
по-ру́сски in Russian
пору́чик lieutenant
поручи́ть (pf.) to entrust
поря́док order
поря́дочный considerable
посели́ться (pf.) to settle
поселя́нин (arch.) villager
поселя́нка (arch.) villager (woman)
посети́ть (pf.) to visit
посеще́ние visit
поскака́ть (pf.) to gallop off
поскоре́е quickly
посла́ть (pf.) to send
по́сле after
после́дний last
поле́довать (pf.) to follow
после́дствие consequence
посло́вица proverb
послу́шаться (pf.) to obey
посмотре́ть (pf.) to see
поспеша́ть (impf.) to hurry, to make haste
поспеши́ть (pf.) to hurry, to make haste
поспе́шно hurriedly
посреди́ in the middle of, amidst
постара́ться (pf.) to try
постаре́ть (pf.) to grow old
поста́рше older
постоя́лец guest
посто́й stay
посторо́нний stranger; strange, another's
постоя́нство constancy
посту́пок action
посу́да crockery
посы́паться (pf.) to fall, to pour
пот sweat
потащи́ться (pf.) to drag along
потво́рствовать (impf.) to connive
поте́рянный lost
потеря́ть (pf.) to lose
пото́м then, afterwards
потому́; ~ что therefore; because
потре́ба need, want
потре́бовать (pf.) to demand, to require
поту́пить (pf.): **~ глаза́** to cast down one's eyes
поту́пленный downcast (eyes)
поутру́ in the morning
поучи́тельный instructive
похвала́ praise
похва́статься (pf.) to boast
похища́ть (impf.) to steal
похо́д march, campaign
похо́жий like
похорони́ть (pf.) to bury
по́хороны funeral, burial
похоро́нный; похоро́нные дро́ги funeral; hearse
поцелова́ть (pf.) to kiss
поцелова́ться (pf.) to kiss each other
поцелу́й kiss
по́черк hand-writing
почерпа́ть (impf.) to draw

почерпну́ть (pf.) to draw
почёсть (pf.) to consider
почёсться (pf.) to be reckoned
почива́ть (impf.) to have a rest
почи́нка repair
починя́ться (impf.) to be repaired
почита́ть (impf.) (arch.) to think, to consider
по́чта post
почталио́н postman
почте́ние respect
почте́нный honourable, respectable
почти́; ~ не almost; hardly
почти́тельный respectful
почтме́йстер postmaster
почто́вый mail (adj.)
почу́вствовать (pf.) to feel
пошёл! drive on! (see p. 44, n. 1)
по́шептом in whisper (see p. 63, n. 2)
пошути́ть (pf.) to make a joke
пощёчина box on the ear
пощу́пать (pf.) to feel
поэ́т poet
появле́ние appearance
по́яс belt, waist
пра́вда true, certainly
пра́вило rule, principle
пра́во right, law
пра́во really, truly, indeed
правосла́вный orthodox
пра́здновать (impf.) to celebrate
пра́порщик ensign (see p. 28, n. 5)
преврати́ть (pf.) to transform
прегра́да barrier
предава́ться (impf.) to indulge oneself in
преда́ть (pf.) to betray, to entrust
предви́деть (impf.) to foresee
предводи́тельствовать (impf.) to command, to lead
преде́л limit
предзнаменова́ние omen
предлага́ть (impf.) to offer, to present
предло́г pretext
предложи́ть (pf.) to propose
предме́т object, subject
предосуди́тельный reprehensible
предположе́ние proposition, supposition, plan
предпочита́ть (impf.) to prefer
предста́вить (pf.) to introduce, to present, to imagine
представля́ть (impf.) to present, to offer
предстоя́ть (impf.) to be faced with
предупреди́ть (pf.) to forestall
предчу́вствие forebodings
пре́жде before
пре́жний previous, former
преиму́щество advantage
прекосло́вить (impf.) to contradict
прекра́сный beautiful, handsome
прекрати́ть (pf.) to stop, to cease
прекрати́ться (pf.) to cease, to come to an end
прекраща́ть (impf.) to stop, to put a stop to
пре́лесть charm
прельща́ть (impf.) to charm, to entice
прему́дрость wisdom
пренебрега́ть (impf.) to neglect, to ignore
препровожда́ть (impf.) to send, to forward
препя́тствие obstacle, hindrance
препя́тствовать (impf.) to hinder, to prevent
прерва́ть (pf.) to interrupt, to break
престу́пница criminal (woman)
престу́пный criminal
преувели́ченный exaggerated, exorbitant

при by, in presence of, at
прибить (pf.) to nail, to beat
прближаться (impf.) to approach
приблизиться (pf.) to approach (see p. 17, n. 4)
приблизиться (pf.) to approach
прибрать (pf.) to tidy up
прибытие arrival
прибыть (pf.) to arrive
приверженный attached
привести (pf.) to bring, to lead
приветствие greeting, salutation
приветствовать (impf.) to greet
привлечь (pf.) to attract, to draw
приводить (impf.) to bring, to lead
привыкнуть (pf.) to grow accustomed
привычка habit, wont
привязанный attached
приглашение initiation
приговорить (pf.) to sentence
приготовленный prepared, ready
придавать (impf.) to give, to lend
приезд arrival
приём reception
приехать (pf.) to come, to arrive
призвать (pf.) to call, to summon
признаваться (impf.) to confess, to admit
признание admission, confession
признаться (pf.) to confess, to admit
прийти (pf.) to come
приказать (pf.) to order
приказчик steward
приказчица the steward's wife
прикащик see **приказчик**
приклеить (pf.) to stick
приключение adventure
приключиться (pf.) to happen, to occur
прикоснуться (pf.) to touch
прилежность diligence, application
приличие decency
приличный decent, seemly, appropriate
прилучинский from Priluchino
пример example
примерить (pf.) to try on
приметно markedly
примечание note, comment
принадлежать (impf.) to belong to
принадлежность accessory
принимать (impf.) to accept
приносить (impf.) to bring, to give
принудить (pf.) to constrain, to oblige
принуждённый constrained, forced
принять (pf.) to receive, to accept
приняться (pf.) to set to, to take to
приобрести (pf.) to acquire, to gain
приписать (pf.) to ascribe
припомнить (pf.) to recollect
природа nature
прискакать (pf.) to come galloping
присовокупить (pf.) to add
приставать (impf.) to get tired
пристально intently
пристать (pf.) to suit
присутствие presence
притвориться (pf.) to pretend (to be)
притворный feigned
притворяться (impf.) to pretend (to be)
притеснение oppression, highhandedness
притихнуть (pf.) to calm down, to subside

притóм at the same time, besides
притоптáть (pf.) to stamp
прúторный cloying, sickly, tiresome
притязáние claim, pretention
приуготовлять (impf.) to prepare
приходúть (impf.) to come, to arrive
прúхоть whim, caprice
прицéлиться (pf.) to aim
причúна cause, reason
прия́тель friend
прия́тность agreeableness, affability
прия́тный agreeable
про about
пробегáть (impf.) to run through
прóбка cork
провестú (pf.) to spend, to pass (time); to take, to lead
провинциáл provincial (noun)
провúнция province, county
проводúть (pf.) to show the way, to accompany
проводúть (impf.) to spend, to pass (time)
проводнúк guide
провозгласúть (pf.) to proclaim, to announce, to propose
провозúться (pf.) to spend (time)
провóрный quick, dexterous
прогнéваться (pf.) to become angry (see p. 48, n. 4)
прогóны price of the stage journey (see p. 59, n. 3)
прогýлка walk, ride
продавáться (impf.) to be sold, to be for sale
продолжáть (impf.) to continue
продолжáться (impf.) to continue
проезжáющий traveller
проéзжий traveller
проéхать (pf.) to pass by
прожúть (pf.) to live, to stay
прозевáть (pf.) to let slip, to miss
прозя́бнуть (pf.) to be chilled
произвестú (pf.) to produce, to make
произнестú (pf.) to utter, to say
произойтú (pf.) to take place, to result from
происшéствие happening, event
пройтú (pf.) to pass, to pass by
прокáза prank, trick
прокáзница naughty girl
прокáзничать (impf.) to play pranks; *here*: to waste away his fortune
прокáт: на ~ for hire
прокатúться (pf.) to have a ride
проклинáть (impf.) to curse
прокрáсться (pf.) to steal into
проливнóй: ~ дождь heavy rain
прóмах; дать ~ miss; to miss
прометáть (pf.): **~ банк** to hold the bank (see p. 11, n. 1)
промотáть (pf.) to squander
промотáться (pf.) to ruin oneself
промчáться (pf.) to flash, to pass quickly
пронзúтельный penetrating
пропадáть (impf.) to perish
пропустúть (pf.) to omit
просвещéние enlightenment, education
просвещённый enlightened, cultured
просúть (impf.) to beg, to ask
просúтель petitioner
проснýться (pf.) to awake
простúть (pf.) to forgive
простúться (pf.) to bid farewell
простодýшие open-heartedness
простóй simple
простреленный shot through, bullet pitted

прострели́ть (pf.) to shoot through
просту́дный catarrhal
просту́пок fault, misdemeanour
просыпа́ться (impf.) to awake
про́тив, про́тиву against, opposite
проти́виться (impf.) to oppose, to defy
проти́вник opponent
противополо́жность contrast
противополо́жный opposite, contradictory
противоре́чие contradiction
прохо́жий passer-by
проче́сть (pf.) to read
про́чий; и про́чее other; etc.
прочита́ть (pf.) to read
про́чить (impf.) to intend for
про́шлый last, past
проща́ться (impf.) to say goodbye to, to take leave of
поясни́ть (pf.) to clear up
пруд pond
прямо́й straight
пти́ца bird
пти́чка small bird
пу́блика public
пугли́вость skittishness
пу́говка button
пульс pulse
пу́ля bullet
пунш punch
пуска́й let (+ inf.)
пусти́ть (pf.) to let, to allow, to throw
пусти́ться (pf.) to start on, to enter into
пусть let (+ inf.)
путево́й travel (adj.)
путеше́ственник traveller
пу́тный sensible
путь way, road, journey
пу́ще more
пчели́ный bee (adj.)
пыла́ть (impf.) to burn
пы́лкость ardour, impetuosity
пья́ница drunkard
пья́нство hard drinking
пья́ный drunk
пята́к five-copeck coin
пятачо́к five-copeck coin
пятидесятирублёвый of 50 roubles
пя́тница Friday
пять five

рабо́та work
рабо́тница maidservant
равни́на plain
равноду́шие indifference
равноду́шно indifferently
равноду́шный indifferent
рад glad
ра́ди for the sake of
ра́доваться (impf.) to be glad, to rejoice
ра́достно with joy
ра́дость joy
раду́шие cordiality, hospitality
раз; два ра́за; ещё раз time, occasion; twice; once more
разбира́ть to distinguish
разбо́йник brigand
разболе́ться (pf.) to ache
разбо́р choice, sorting out
разбо́рчивый discriminating
разбрести́сь (pf.) to disperse
ра́зве; ~ то́лько is it so?, really?; unless
развести́ (pf.) to lay out
развива́ть (impf.) to develop
развра́тный depraved
развя́зка issue, dénouement
развя́зный at ease, unconstrained, pert
разгляде́ть (pf.) to make out, to discern
разгова́ривать (impf.) to converse
разгово́р conversation
разговори́ться (pf.) to begin talking, to start conversation
разго́н; в разго́не dispersion; out
разделя́ть (impf.) to share
разгорячи́ть (pf.) to excite, to heat

раздира́ть (impf.) to rend, to lacerate
раздражённый annoyed
раздува́ть (impf.) to blast, to puff up
разлинёвывать (impf.) to rule up, to make lines (see p. 64, n. 5)
различи́ть (pf.) to distinguish
разли́чный different, various
разлу́ка parting
разлучи́ть (pf.) to separate
разме́р size
размышле́ние reflection
разнести́сь (pf.) to spread, to get about
ра́зный various
разойти́сь (pf.) to disperse
разоря́ться (impf.) to ruin oneself
разочаро́ванность disappointment
разочаро́ванный disappointed, disillusioned
разреша́ть (impf.) to permit (see p. 46, n. 4)
разреши́ть (pf.) to permit (see p. 63, n. 4)
разряди́ть (pf.) to discharge, to fire
разува́ть (impf.) to take off shoes
разуме́ется it is understood, of course
разъе́зд departure (here: travelling about)
разъезжа́ть (impf.) to ride about, to drive about
разыска́ние inquiry
ра́нить (impf./pf.) to wound
ра́нний early (adj.)
ра́но early (adv.)
раска́иваться (impf.) to repent
раска́яние repentance, regret
раскла́дывать (impf.) to lay out
распеча́тываться (impf.) to be unsealed, to be opened
расплати́ться (pf.) to pay off
распозна́ть (pf.) to recognize, to tell sb. from sb.
расположи́ться (pf.) to make oneself at home
распоряже́ние arrangement, disposition
распространя́ть (impf.) to spread
рассве́т dawn
рассе́янность distraction, absent-mindedness
рассе́янный distracted, absent-minded
рассе́ять (pf.) to dispel
расска́з story
рассказа́ть (pf.) to tell, to relate
расска́зывать (impf.) to tell, to relate
рассмеши́ть (pf.) to make laugh, to amuse
рассмотре́ние examination, inspection
расспра́шивать (impf.) to inquire
расстава́ться (impf.) to part
расста́ться (pf.) to part
расстоя́ние distance
расстро́ить (pf.) to disturb, to upset
рассужда́ть (impf.) to discuss
рассужде́ние reasoning, conclusion
рассы́паться (pf.) to go to pieces
растащи́ть (pf.) to drag apart
раство́ренный open
расторо́пный smart, efficient
расточи́тельно extravagantly, wastefully
расха́живать (impf.) to pace up and down
расхо́д outlay
расхохота́ться (pf.) to burst out laughing
расцелова́ть (pf.) to kiss
расчётливый thrifty
регистра́тор recorder (see p. 57, n. 2)

реде́ть (impf.) to become sparse
ре́дкий rare
ре́звость frolicsomeness
ре́зкий hard, rough
река́ river
рекомендова́ть (impf.) to introduce
рекомендова́ться (impf.) to introduce oneself
реме́сленник artisan
ремесло́ trade, handicraft
речь speech
реши́тельный decisive, resolute
реши́ть (pf.) to decide
рисова́ться (impf.) to parade, to show off
рису́нок drawing
ро́бость shyness, apprehension
ро́вно exactly, sharp
ровня́ться (impf.) to compare oneself with
род clan, sort, kind
роди́тель parent, father
роди́тельский parental, parents
роди́ться (pf.) to be born
ро́дственник relative
ро́дственница relative (woman)
ро́ды (pl.) childbirth
рожде́ние birth
рожо́к horn
роково́й fateful
роль part
ром rum
рома́н novel
романи́ст novelist
романи́ческий romantic
ро́пот murmur
ропта́ть (impf.) to grumble at
роса́ dew
ро́скошь luxury
рост stature, height, growth
рот mouth
ро́тмистр squadron commander
ро́ща grove, woods
рубе́ж boundary
ру́бище rags, poor clothes
рубль rouble
руга́тельство curse
ружьё gun
рука́ hand, arm
рука́в sleeve
ру́копись manuscript
румя́нец ruddy complexion
ру́сский Russian
ру́сый fair
руча́ться (impf.) to guarantee
ру́чка small hand, handle, arm (of a chair)
рысь trot
рю́мка wine glass
рябо́й pock-marked
ряд range, rank, row

са́бля sabre
сад garden
сади́ться (impf.) to sit down
садо́вый garden (adj.)
сажа́ть (impf.) to place, to plant
сам self, oneself
самобы́тность originality
самова́р samovar
самолю́бие pride, vanity
са́мый; тот же ~ the very, most; the same
са́ни (pl.) sledge
сапо́г boot
сапо́жник shoemaker
сарафа́н see p. 84, n. 3
сафья́нный morocco (adj.)
сбить (pf.) to knock down
сбли́зить (pf.) to bring close
сва́дьба wedding
све́дение information
све́жий fresh
свезти́ (pf.) to take
сверка́ть (impf.) to flash, to gleam
сверну́ть (pf.) to fold up
свёрток roll
свет world
светли́ца room
светлозелёный light-green
свеча́ candle
свида́ние meeting
свиде́тель witness
свиде́тельница witness (woman)

сви́деться (pf.) to meet, to see
свинья́ pig, swine
свирéпствовать (impf.) to rage
свистáть (impf.) to whistle
свобóда liberty, freedom
свобóдный free, unrestrained
свой; по-свóему one's own; in one's own way
связь connection, liaison
священник priest
священный sacred
сглáживать (impf.) to make smooth
сгóрбленный crooked
сдéлать (pf.) to make
сдéлаться (pf.) to become
сдёрнуть (pf.) to take off
себя́ oneself
сегóдня today
седина́ grey hair
седлó saddle
седóй grey-haired
седóк rider
седьмóй seventh
сей (arch.) this
сейчáс at once, first, now
секи́ра axe
секу́нда second
секундáнт second (in a duel)
селó village
семéйство family
семнáдцать seventeen
семнадцатилéтний seventeen-years-old
семь seven
сенáтский Senate (adj.)
сéни (pl.) passage
сердéчный cordial, hearty
серди́тый angry
серди́ться (impf.) to be angry
сéрдце heart
серебрó silver
серéбряный silver (adj.)
серёжка ear-ring
сéренький grey
сержáнт sergeant
сермя́жный see p. 49, n. 8
серту́к frock-coat (see p. 10, n. 1)
сéрый grey
сесть (pf.) to sit down
сéтование lamentation
сéтовать (impf.) to lament, to complain of
сжать (pf.) to press, to squeeze
сидéть to sit
си́льно strongly
си́льный strong
систéма system, method
сия́тельство highness (see p. 20, n. 4)
сия́ть (impf.) to shine
сказáть (pf.) to say
скáзка fairy-tale
скáзывать (impf.) to tell, to say
сквáжина chink, slit
сквéрный bad, nasty
скелéт skeleton
склады́ (pl.) syllables
склóнность inclination
склóнный inclined
скончáться (pf.) to die
скорée quickly
скóро; как ~ soon; as soon as
скóрый; в скóром врéмени quick, rapid; in a short time
скот livestock, cattle
скорбя́щий afflicted (see p. 70, n. 2)
скрóмный modest
скры́ться (pf.) to hide oneself, to disappear
ску́ка boredom
скуфья́ calotte, skull-cap (see p. 68, n. 3)
слáбо weakly, slightly
слáбость weakness
слáва; ~ Богу glory, fame; thank Heavens!
слáвиться (impf.) to be renowned
слáвный renowned, excellent
слáдить (pf.) to arrange, to settle
слáдкий sweet
след trace
слéдовать (impf.) to follow

слéдственно therefore, consequently
слéдующий following
слезá tear
слечь (pf.) to take to one's bed
сли́вки (pl.) cream
сли́ться (pf.) to merge
сли́шком too, too much
словéсность literature
слóво word .
слог style
слóжный complicated, intricate
слугá servant
служáнка maid-servant
слýжба service
служи́ть (impf.) to serve
слух rumour (see p. 72, n. 1)
слýчай case, event, occasion
случáться (impf.) to happen, to occur
случи́ться (pf.) to happen, to occur, to happen to be
слýшать (impf.) to listen
слýшаться (impf.) to obey
слыхáть (impf.) to hear
слы́шать (impf.) to hear
слю́бится see p. 101, n. 2
сля́коть slush, mud
смéлость boldness, bravery
смени́ть (pf.) to change, to replace
сменя́ть (impf.) to change, to replace
смеркáться (impf.) to get dark
смертéльный fatal
смерть death
сметь (impf.) to dare
смех laughter
смея́ться (impf.) to laugh
смирéнный humble
смóлоду in one's youth, ever since youth
смотрéть (impf.) to look
смотри́тель superintendent (see p. 57, n. 1)
смýглый dark
смути́ть (pf.) to confuse, to embarrass
смути́ться (pf.) to be taken aback
смущéние confusion, embarrassment
смышлёный clever, able
смятéние consternation
смять (pf.) to rumple
сначáла at first
снег snow
снести́ (pf.) to bear up, to suffer
снисходи́тельный indulgent
снóва anew, again
снóсный bearable
сношéние relation, intercourse
собáка dog
собесéдник interlocutor, companion
собирáться (impf.) to foregather, to congregate, to be about
соблазня́ть (impf.) to tempt
соблазня́ться (impf.) to be tempted
собóй, собóю; ~ прекрáсный in appearance; good looking
соболéзновать (impf.) to sympathise
собрáние collection
сóбственный own, personal
совершéнно completely
совершéнный complete
сóвеститься (impf.) to be ashamed
сóвестно (+ dat.) to be ashamed
сóвесть conscience
совéт advice
совéтник councillor (see p. 7, n. 1)
совéтовать (impf.) to advise
соглáсие consent
согласи́ться (pf.) to consent, to agree
соглáсно in agreement, unanimously
соглашáться (impf.) to agree
согнýться (pf.) to bend
согреши́ть (pf.) to sin

содрогну́ться (pf.) to shudder
соединя́ть (impf.) to combine, to unite
соедини́ться (pf.) to unite, to join
сожале́ние regret
созва́ть (pf.) to invite
созда́ние creature
сознава́ться (impf.) to confess
созна́ться (pf.) to confess
созыва́ть (impf.) to invite
сойти́ (pf.); **~ с ума́** to go down; to go mad
сократи́ть (pf.) to shorten
сокро́вище treasure
сокруша́ться (impf.) to be distressed
солда́т soldier
со́лнце sun
сомнева́ться (impf.) to doubt
сообража́ть (impf.) to consider, to think over
сообща́ться (impf.) to be communicated
соотве́тствовать (impf.) to correspond
сопровожда́ть (impf.) to accompany
сорва́ть (pf.) to tear off
сорокале́тний forty-year-old
сосе́д neighbour
сосе́дка neighbour (woman)
сосе́дство neighbourhood
сосло́вие rank, estate
сослужи́вец colleague
сосно́вый pine (adj.)
состоя́ние condition
состоя́ть (impf.) to be, to consist
сострада́ние sympathy
со́ты (pl.) honeycomb
сохрани́ться (pf.) to remain, to keep
сочини́тель writer
спаси́бо thank you
спе́лый ripe
сперва́ first of all
спеши́ть (impf.) to hasten
спина́ back
спи́сок copy
спи́ться (pf.) to become an inveterate drunkard
споко́йно calmly
споко́йствие rest
спо́рить (impf.) to argue, to quarrel
спо́соб way, means
справедли́вый just, fair, righteous, truthful
спра́шивать (impf.) to ask
спроси́ть (pf.) to ask
спры́гнуть (pf.) to jump down
спря́таться (pf.) to hide
спустя́ after(wards)
сраже́ние battle
сребролюби́вый (arch.) greedy for money
сре́дний average, medium
сря́ду in succession
ссо́ра quarrel
ссыла́ться (impf.) to refer, to appeal to
ста́вня shutter
ста́до herd
стака́н glass
ста́ло быть hence, it follows that
стан figure, waist
станцио́нный station (adj.) (see p. 57, n. 1)
ста́нция (post-)station
стара́ние effort
стара́ться (impf.) to try, to attempt
стари́к old man
стари́нный old
ста́роста bailiff, overseer
стару́ха old woman
стару́шка old lady
ста́рый old
ста́тский civil
стать (pf.) to begin, to start
стена́ wall
сте́пень degree, extent
стере́ть (pf.) to wipe off, to rub out
сте́рпится see p. 101, n. 2
сти́снуть (pf.) to clench

стих verse
стол table
столи́ца capital city
столонача́льник chief-clerk (see p. 79, n. 1)
столь so
стон moan
сторгова́ться (pf.) to come to an arrangement
сторона́ side, direction, part
сторо́нка side
стоя́ть (impf.) to stand, to be quartered
стра́нно strangely
стра́нность oddity, peculiarity
стра́нный strange, odd
стра́стный passionate
страсть passion
стра́шно (+ dat.) terrified
стра́шный awful, terrible
стрело́к shot, marksman
стрельба́ firing
стреля́ть (impf.) to shoot
стреля́ться (impf.) to fight a duel
стремгла́в headlong
стремя́нный huntsman, whipper-in
стро́гий stern, severe
стро́йный slender, well-built
стул chair
сту́па mortar
стуча́ть (impf.) to knock
стыди́ться (impf.) to feel ashamed
стыдли́вость shyness
сты́дно for shame!
стя́гивать (impf.) to tighten
сугро́б snowdrift
суд judgement
су́дарь sir
суди́ть (impf.) to judge
су́дорожный convulsive
судьба́ fate, destiny
су́женый promised husband
су́зиться (pf.) to shrink
сукно́ cloth
суко́нный cloth (adj.)
сумасбро́дство eccentricity
сумато́ха confusion
су́мма sum
су́мрак darkness
су́нуть (pf.) to thrust
суро́во sternly, coarsely
сурьма́ antimony (see p. 81, n. 2)
сурьми́ть (impf.) to blacken (see p. 81, n. 2)
су́хо drily
существова́ть (impf.) to exist
су́щий true, real
схвати́ть (pf.) to snatch, to seize
схо́дствовать (impf.) to be alike
сце́на scene
сча́стие happiness
сча́стливо happily, successfully
счастли́вец lucky man
счёт account, score
счита́ть (impf.) to count, to reckon
счита́ться (impf.) to be reckoned, to be considered
съесть (pf.) to eat up
сы́знова afresh
сын son
сы́тый satisfied, replete
сюда́ here
сяк: и так и ~ so-so

таи́нственность mysteriousness
таи́нственный mysterious
та́йна secret
так thus
та́кже also
таково́й such, such a
тако́й such
тако́й-то such and such
та́лия waist
там there, afterwards, then
та́мошний of that place, local
тарти́нка slice of bread and butter
таска́ть (impf.) to drag along
тащи́ть (impf.) to carry, to drag
т.е. (= **то́ есть**) that is, i.e.
теле́га cart

теле́жка small cart
теле́ц calf (see p. 61, n. 5)
тем thus, so much the . . .
темнота́ darkness
тёмный dark
тень shadow, shade
тепе́рь now
тере́ть (impf.) to rub
терза́ть (impf.) to torture
терпе́ние patience
тесни́ться (impf.) to gather, to crowd up
те́сный narrow, tight
тече́ние course
тигр tiger
тиро́льский Tyrolian
титуля́рный see p. 7, n. 2
ти́хий quiet
ти́хо quiet, soft
тихо́нько quietly
тле́ние decay, putrefaction
то; до того́ that, then; to such an extent
това́р goods, wares
това́рищ comrade
тогда́ then
тогда́шний then (adj.), of that time
то́ есть that is, i.e.
то́лько only
то́кмо (arch.) only
толка́ть (impf.) to push
толкова́ть (impf.) to comment, to converse
толпа́ crowd
то́лстый fat
толчо́к push, jolt
то́ненький thin
топта́ть (impf.) to tread down, to trample
торгова́ть (impf.) to trade, to sell
торже́ственный solemn
торжество́ triumph
торопи́ться (impf.) to be in a hurry
торопли́вый hasty
торча́ть (impf.) to stick out, to jut out
тоска́ longing, boredom
тост toast
тот; не ~ that, other; wrong
тот же, тот же са́мый the same
тотча́с at once, immediately
то́чно; так ~ exactly; just so
то́чность exactness, accuracy
то́щий lean, thin
траге́дия tragedy
тракт road, highway
тракти́р tavern
тра́пеза meal
тра́тить (impf.) to spend
тра́урный mourning
тре́бовать (impf.) to demand, to require
тре́пет trepidation
тре́тий third
треть third part
треуго́льный three-cornered (see p. 53, n. 4)
трёхэта́жный three-storied
трещо́тка rattle
три three
три́дцать thirty
тро́гательный touching, moving
тро́гать (impf.) to touch, to move
тро́е three
тро́йка troika
тро́нуть (pf.) to touch, to move
тру́бка pipe
труд labour
тру́дный hard, difficult
туале́т toilette
туги́ловский of Tugilovo
туда́ there, this way
туз ace
тулу́п sheepskin coat
ту́льский of Tula
тут here
ту́ча cloud
тща́тельно carefully
ты you
ты́сяча thousand
тя́гостный burdensome, painful

тяжело́ heavily, seriously
тяжёлый heavy, grievous

у by, near, at
убива́ть (impf.) to kill
уби́йственный murderous, shattering
уби́йство murder
уби́ть (pf.) to kill
убо́р; головно́й ~ attire, dress; head-dress
убра́ть (pf.) to furnish, to decorate
убы́ток loss
уважа́ть (impf.) to respect
уваже́ние respect
ува́жить (pf.) to comply with
уверя́ть (impf.) to assure
уви́деть (pf.) to see
уви́деться (pf.) to see each other, to meet
увя́дший withered
увя́зывать (impf.) to tie, to pack up
уга́дывать (impf.) to guess
угова́ривать (impf.) to persuade
угово́р condition
уго́дно (+ dat.); **как вам ~** to be convenient; as you like
у́гол corner
угоре́ть (pf.) to be poisoned by charcoal fumes
угости́ть (pf.) to entertain, to treat to
угоща́ть (impf.) to entertain, to treat to
угоще́ние entertainment
угро́за treat
угрю́мость moroseness
угрю́мый morose
удали́ться (pf.) to withdraw, to retire
удаля́ть (impf.) to remove, to make leave
уда́р blow
уда́ться (pf.) to succeed, to happen
удержа́ть (pf.) to hold
уде́рживать (impf.) to hold, to hold back
удиви́тельно surprising, astonishing (adv.)
удиви́ть (pf.) to surprise, to astonish
удивле́ние astonishment, surprise
удовлетворе́ние satisfaction
удовлетвори́тельный satisfactory
удовлетвори́ть (pf.) to satisfy
удово́льствие pleasure
удосто́ивать (impf.) to honour, to favour
уедине́ние solitude, seclusion
уе́зд district
уе́здный district (adj.)
уе́хать (pf.) to go away, to leave
уж already
у́жас turn
ужасну́ть (pf.) to terrify
ужа́сный terrible
уже́; ~ не already; no longer, no more
у́жинать (impf.) to take supper
уздцы see p. 92, n. 2
у́зел knot, bundle
узнава́ть (impf.) to recognize
узна́ть (pf.) to recognize, to learn, to discover, to find out
у́зы (pl.) bands, ties
уйти́ (pl.) to go away, to leave
ука́зывать (impf.) to point, to indicate
укла́дываться (impf.) to pack one's things, to go to bed
укорени́ться (pf.) to be rooted
украша́ть (impf.) to adorn
укрепля́ться (impf.) to become stronger
у́ксус vinegar
у́лица street
улови́ть (pf.) to catch, to discern
уложи́ть (pf.) to pack, to stow
улыбну́ться (pf.) to smile
ум mind, intelligence

уменьше́ние decrease
уме́ньшиться (pf.) to decrease
уме́ренность moderation, restraint
уме́ренный abstemious, moderate
умере́ть (pf.) to die
уме́ть (impf.) to be able, to know how to
умилостивля́ть (impf.) to propitiate
умира́ть (impf.) to die, to be dying
умно́житься (pf.) to increase
у́мный intelligent
у́молк: без у́молку increasingly, without a stop
умори́ть (pf.) to kill
университе́т university
унима́ться (impf.) to calm down, to abate
уничто́жить (pf.) to annihilate, to destroy
уноси́ть (impf.) to carry off
у́нтер-офице́р non-commissioned officer
уны́ние depression, despondency
упа́сть (pf.) to fall
упи́танный well-fed, fattened
упои́тельный ravishing, intoxicating
упомина́ть (impf.) to refer to, to mention
упо́мнить (pf.) to remember
употреби́ть (pf.) to use
употребле́ние use
употребля́ть (impf.) to use
управи́тель steward, bailiff
управле́ние administration, management
упражне́ние exercise, practice
упря́мый obstinate
упуска́ть (impf.) to let slip, overlook
ура́ hurrah
уравня́ть (pf.) to level, equalize
уровня́ть (pf.) see **уравня́ть**
уро́д freak, fright
уро́к lesson
усе́рдие zeal, cordiality
усе́рдный zealous
усе́сться (pf.) to take one's seat, to be seated
усе́янный dotted with
усиде́ть (pf.) to hold one's seat
у́сики (pl.) little moustache
уси́ливать (impf.) to intensify
услу́га service
услу́жливый obliging
услы́шать (pf.) to hear
усме́шка sneer
усомни́ться (pf.) to doubt, to have misgivings
успева́ть (impf.) to succeed, to manage to
успе́ть (pf.) to succeed, to have time to
успе́х success
установи́ться (pf.) to establish, to set in
устла́ть (pf.) to cover, to spread
устреми́ть (pf.) to turn, to direct, to fix
уступа́ть (impf.) to be inferior, to yield
усы́ (pl.) moustache
утеша́ть (impf.) to console, to comfort
утеше́ние consolation
утеши́тельный comforting
уте́шить (pf.) to console, to comfort
утиха́ть (impf.) to calm down, to abate
утра́ченный lost
у́тренний morning (adj.)
у́тро morning
утро́ить (pf.) to treble
у́тром in the morning
у́хо ear
уче́нье instruction, drill
учреди́ть (pf.) to establish
учти́во courteously
у́ши (pl.) see **у́хо**

ушиб injury, bruise
ушибиться (pf.) to hurt oneself

фабрика factory
факел torch
фальшивый false
фамилия surname; family (arch.)
фельдъегерь courier (see p. 58, n. 4)
ферма farm (see p. 88, n. 4)
фижмы (pl.) farthingale (see p. 95, n. 3)
флигель wing (of a house)
фрак tail-coat
франмасонский masonic
француз Frenchman
французский French
фуражка peaked cap

халат dressing-gown
характер character
хвастаться to boast
хилый feeble, sickly
хитрый clever, shrewd
хлеб bread, corn, grain
хлоп bang
хлопнуть (pf.) to bang, to slam
хлопотать (impf.) to take trouble
хлопья (pl.) flakes
хмель hops, intoxication
хмельной intoxicated, drunk
ход; на ходу walking, gait; while walking
ходить (impf.) to go, to walk
хозяин owner, master, host
хозяйка hostess
хазяйничать (impf.) to manage, to make arrangements
хозяйственный house-keeping (adj.)
хозяйство economy, management
холодно coldly, it is cold
холодность coldness
холоп servant
холстина canvas
хорошенько smartly, properly
хороший good
хотеть (impf.) to want, to wish
хотеться (impf.) (+ dat.) to want
хоть; ~ куда though, perhaps, if you wish; excellent
хотя albeit, although
хохотать (impf.) to laugh, to guffaw
храбрость bravery
храм temple, church
хранить (impf.) to keep
храпеть (impf.) to snore
Христос Christ
хромать (impf.) to limp, to be lame
худой bad
худощавый thin, lean
хуже worse

царедворец courtier
царство realm, kingdom
цвет colour
целиться (impf.) to aim at
целый whole
цель aim
цена price
цепной chained
церемония ceremony
церемониться (impf.) to stand on ceremony
церковь church
цех trade-corporation

чай tea
чайник tea-pot
час hour
часовня chapel
часто often
часть; по части (+ gen.) part; in connection with
чашка cup
чей whose
чекмень a peasant or Cossack kaftan

челове́к man
челове́ческий human
чем; чем . . . тем . . . than; the more . . . the more . . .
чемода́н suit-case
чепе́ц bonnet
че́пчик bonnet
черво́нец gold coin
че́реп skull
черё́шневый cherry (adj.)
чере́шня cherry
черке́сский Circassian
черна́вка see p. 97, n. 1
черне́ть (impf.) to go black, to show black
черногла́зый dark-eyed
чёрный black
черта́ feature
че́стный honourable, honest
честь honour
че́тверо four
четвёртый fourth
чёткий clear, legible
четы́ре four
четы́рнадцать fourteen
четы́рнадцатый fourteenth
чин rank (see p. 7, n. 1)
чини́ться (impf.) to be affected, to put on airs
чино́вник official
чино́вный high-ranking
число́ number, date
чита́тель reader
чита́ть (impf.) to read
чо́порный starchy, stiff
чрезвыча́йно extremely
чте́ние reading
что what, which (pron.); that (conj.)
чтоб, что́бы in order to, so that
что́-то something
чувстви́тельный sensitive, sentimental
чу́вство feeling
чу́вствовать (impf.) to feel
чу́до miracle, wonder
чужо́й foreign, strange, someone else's
чу́тко keenly, watchfully
чуть; ~ не hardly, slightly; almost
чухо́нец Finn (see p. 49, n. 2)

шаг pace, step
ша́лость prank, wild oats, frolic
шалу́нья frolicsome girl
шаль shawl
шампа́нское champagne
шанда́л candlestick
ша́пка cap
Швейца́рия Switzerland
шест pole
шесть six
ше́я neck
шине́ль greatcoat
шипе́ть (impf.) to hiss, to fizz
широ́кий broad
шить (impf.) to sew
шитьё sewing
шкап cupboard, bookcase, dresser
шкату́лка box, casket
шкаф cupboard, bookcase, dresser
шла́фрок night-gown
шля́па hat
шля́пка lady's hat
шо́пот whisper
шпо́ры (pl.) spurs
шум noise
шу́мный noisy
шути́ть (impf.) to joke
шу́тка joke
шутли́вый humorous

щеголи́ха woman of fashion
щегольско́й dandyish, foppish, elegant
ще́дро generously
щека́ cheek
щётка brush

э́кий what a . . . ! (see p. 52, n. 3)
эпигра́мма epigram

эпóха epoch
этáж floor
э́такий such a
э́тот this

ю́ность youth (abstract)
ю́ноша youth

я I
я́блоня apple-tree
яви́ться (pf.) to appear
язы́к tongue
я́ма pit
ямщи́к coachman
я́ркий vivid
я́сный bright